浙江省普通高校"十三五"新形态教材

U0647927

主　编　韩振华

副主编　潘雅芳　朱芬芳

商务礼仪

BUSINESS ETIQUETTE

ZHEJIANG UNIVERSITY PRESS
浙江大学出版社

图书在版编目（CIP）数据

商务礼仪 / 韩振华主编. — 杭州：浙江大学出版
社，2022.6（2024.9重印）
ISBN 978-7-308-21760-6

Ⅰ. ①商… Ⅱ. ①韩… Ⅲ. ①商务—礼仪—教材
Ⅳ. ①F718

中国版本图书馆CIP数据核字（2021）第189458号

商务礼仪

主　编　韩振华

副主编　潘雅芳　朱芬芳

责任编辑　朱　玲

责任校对　傅宏梁

封面设计　春天书装

出版发行　浙江大学出版社
　　　　　（杭州市天目山路148号　　邮政编码　310007）
　　　　　（网址：http://www.zjupress.com）

排　　版　杭州林智广告有限公司

印　　刷　杭州捷派印务有限公司

开　　本　787mm×1092mm　1/16

印　　张　12

字　　数　250千

版 印 次　2022年6月第1版　2024年9月第2次印刷

书　　号　ISBN 978-7-308-21760-6

定　　价　36.00元

P 前 言
Preface

礼仪是约定俗成的行为规范和准则，也是一个人思想觉悟、道德修养、文化修养和精神面貌的综合反映。孔子曰："不学礼，无以立。"可谓有"礼"走遍天下，无"礼"寸步难行。良好的礼仪规范和修养既是个人素质的展示，也是企业谋求发展的重要基础。

随着全球经济一体化，国际商务活动和交往日趋频繁，礼仪已成为商务人士走向成功的必要通行证。从国际范围来看，东西方文化礼仪不断融合，已经形成全球经济一体化背景下的现代商务礼仪文化。全面了解和掌握国际商务礼仪，可以帮助企业树立良好的国际形象，成功开展各类国际化的商务活动。在一些涉外业务的具体推进过程中，商务人士必须掌握国际通用的商务礼仪常识，熟悉主要国家和地区特有的民族文化、风俗习惯等，这样才能约束自己，尊重他人，避免一些误会，从而完成有效沟通，最终达到合作双赢的目标。

学习礼仪、应用礼仪也是我们在推进社会主义精神文明建设进程中的一项重要内容，只有知礼守礼，才能得到他人的尊重。我国是具有五千年文明历史的古国，素有"礼仪之邦"的美誉。2019 年 10 月，中共中央、国务院印发的《新时代公民道德建设实施纲要》提出，要把社会公德、职业道德、家庭美德、个人品德建设作为着力点。推动践行以文明礼貌、助人为乐、爱护公物、保护环境、遵纪守法为主要内容的社会公德，鼓励人们在社会上做一个好公民；推动践行以爱岗敬业、诚实守信、办事公道、热情服务、奉献社会为主要内容的职业道德，鼓励人们在工作中做一个好建设者；推动践行以尊老爱幼、男女平等、夫妻和睦、勤俭持家、邻里互助为主要内容的家庭美德，鼓励人们在家庭里做一个好成员；推动践行以爱国奉献、明礼遵规、勤劳善良、宽厚正直、自强自律为主要内容的个人品德，鼓励人们在日常生活中养成好品行。可以说，礼仪既是一个人内在修养和素质的外在表现，也是人们为人处世的行为规范或准则。礼仪规范与中国传统文化有千丝万缕的联系，对整个中国发展进程起到重要的影响作用。我们只有通过认真学习，了解礼仪背后的文化内涵，才能更加自觉、准确地掌握礼仪规范。

本书摒弃传统的编排体例，充分遵循理论与实践相结合的原则，充分体现创新性、应用性的特点，根据学生的认知规律，由浅入深，通过形象生动的案例和视频来激发读者的学习兴趣，让学生能够做到"学礼、知礼、懂礼、习礼、用礼"。同时，为了适应移动互联网时代的教学需求，方便学生自主学习，本书专门为每一章提供了配套的教学视频，将重要的知识点以动画短片的形式进行呈现。本书的编写目的在于帮助学生更加直观形象地了解商务礼仪的各项具体要求，引导学生培养符合商务规范的形象和气质；注重商务宴请中的餐桌礼仪；完成商务接待和沟通；理解跨文化沟通过程中的礼仪要求等。

本人自 2004 年起就承担"商务礼仪"课程的教学工作，同时，也积极承担银行、邮电、交通、烟草、酒店等各大企事业单位的礼仪培训工作。本书是本人结合多年的教学实践，将相关教学内容进行主题化梳理编写而成，以满足不同层次学员的学习需求。全书涵盖仪容仪表礼仪、仪态礼仪、餐饮礼仪、接待拜访礼仪、会务礼仪、办公室礼仪、商务通信礼仪等各重要知识点介绍，辅以习题、案例、情景故事等。读者可以扫描书中的二维码，学习相关课程视频，也可以通过对书中的自测题、案例等进行拓展学习，提高学习效果。

本书是浙江省"十三五"新形态立项教材，由浙大城市学院韩振华担任主编。何亚岚老师和杨芳芳老师协助提供了相关视频资源和习题，对本书的框架体例提出了相关建议；旅游管理专业的方慧君、周致睿、陈嘉承、冯一丹、王梦蝶、张俊平等同学也积极参与，协助收集更新部分案例，承担了部分文字校对工作。本书的编写也得到了浙江树人学院潘雅芳教授和台州科技职业学院朱芬芳副教授的大力支持。如果没有领导、同事、同行以及同学们的大力支持，本书的编写任务是难以完成的，在此，我要郑重向所有帮助过我的广大师生和各界朋友表示衷心的感谢！

同时，本书的顺利出版也得到浙江大学出版社的大力支持，特别是担任本书责任编辑的朱玲老师，她认真负责，经验丰富，从文字排版到图片、标点，一一进行严谨细致的审核编辑，为本书的正式出版做了大量工作。虽然编者本着严谨治学的态度认真编写本书，但限于学识和水平，书中难免存在错误和不妥之处，敬请各位专家、同行以及广大读者批评指正！

韩振华

2021 年 11 月

C目 录
ontents

CHAPTER1

第一章

礼仪概述

中华民族有着数千年的文明史，灿烂的礼仪文化源远流长。中国素有"礼仪之邦"的美称。古人有言："中国有礼仪之大，故称夏；有服章之美，谓之华。"古代华夏民族正是以丰富的礼仪文化而受到周边其他民族的赞誉，礼仪文化对整个中国社会历史的影响广泛而深远，已积淀成中国传统文化的重要组成部分。

第一节　礼仪的起源与发展

没有规矩，不成方圆。荀子曾提出，人无礼而不生，事无礼则不成，国无礼则不宁。到了现代社会里，随着市场经济的快速发展，社会交往、国际交往的日益频繁，社会组织和个人对礼仪的重视程度越来越高，可谓有"礼"走遍天下，无"礼"寸步难行。

一、中国礼仪的起源

早在春秋时期，孔子就提出把"礼"作为治国安邦的基础，主张"克己复礼"，积极倡导人们"约之以礼"，成为"文质彬彬"的君子。随着社会的进步，礼仪已成为人际交往的基本行为规范，体现在诸多的交往场合中，形成整体的社会规范，进而反映其文明程度和精神内涵。

（一）祭祀源说

礼仪随着社会文明的产生而产生，可以说，它是人们步入现代社会文明的"通行证"。在悠久的历史演变过程中，礼仪的内涵也在逐步发生着变化，它是一个国家、一个民族摆脱愚昧、野蛮和落后，走向文明的标志。从本质上讲，"礼"是一项做人的基本道德标准。"礼"所规范的是一个人对待自己、对待别人、对待社会的基本态度。"礼"的含义是尊重。"礼"的基本要求是：每一个人都必须尊重自己、尊重别人，并尊重社会。

现代人类学、考古学的研究成果表明，礼仪起源于人类最原始的两大信仰：一是天地信仰；二是祖先信仰。《辞海》中注释："礼的本意为敬神。"从繁体字"禮"的结构来看，左边是"示"字，意为祭祀敬神；右边是祭品，表示把盛满祭品的祭具摆放在祭台上，献给神灵以求保佑。豊（lǐ），古同"礼"，为古代祭祀用的礼器。

据《说文·豊部》:"豊,行礼之器也。从豆,象形,读与礼同。"从甲骨文形体来看,"豊"字从"豆",豆是古代的食器,也于祭祀时用来盛供品,是考古发现的古代最常见的一种祭器。

在原始社会,由于缺乏科学知识,人们不理解一些自然现象。他们猜想,照耀大地的太阳是神,风有风神,河有河神……因此,他们敬畏"天神",祭祀"天神",这种祭礼活动是礼仪的萌芽。因此,有了"礼立于敬而源于祭"的说法。他们祭祀天地神明以求风调雨顺、祭祀祖先以求多赐福少降灾的过程就成为原始社会礼仪的主要内容。

(二)秩序源说

人类为了生存和发展,必须与大自然抗争,不得不以群居的形式相互依存。人类的群居性使得人与人之间相互依赖又相互制约。人类在群体生活中形成复杂的内部关系,如人与人、部落与部落、国家与国家之间的关系,这是人类必须解决好的现实问题。在群体生活中,男女有别、老少各异,扶老携幼既是一种天然的人伦秩序,又是一种需要保证和维护的秩序。可以说,维持群体生活的自然人伦秩序是礼仪产生的最原始动力。

在西方,礼仪一词,最早见于法语的 etiquette,原意为"法庭上的通行证"。古代法国为了保证法庭中活动的秩序,将印有法庭纪律的通告证发给进入法庭的每个人,作为应遵守的规矩和行为准则。后来,"etiquette"一词进入英文,演变为"礼仪"的含义,意即"人际交往的通行证",成为人们交往中应遵循的规矩和准则。

视频学习

(三)习俗源说

1922年,《西方礼仪集萃》一书问世,开篇中这样写道:"表面上礼仪有无数的清规戒律,但其根本目的在于使世界成为一个充满生活乐趣的地方,使人变得和易近人。"礼仪在许多情况下并不是哪个人创造的,而是在人与人之间的交往过程中,在社会生活中共同认定而形成,并被大家一致遵守和沿用的,所以礼仪又是约定俗成的。人们在长期的交往活动中,渐渐地产生了一些约定俗成的习惯,久而久之这些习惯成了人与人交际的规范。当这些交往习惯以文字的形式被记录并同时被人们自觉地遵守后,就逐渐成了人们交往的固定礼仪。遵守礼仪,不仅使人们的社会交往活动变得有序,有章可循,同时也能使人与人在交往中更具有亲和力。

二、中国礼仪的发展

我国的礼仪是伴随着人类社会的变迁而发展的,经历了一个由无到有、由低级到高级不断变革演化的漫长历史时期。由于历史阶段不同，不同时期的礼仪有着十分显著的特征。

（一）原始社会的礼仪

在原始社会的中晚期出现了早期礼仪的萌芽。生活在约 1.8 万年前的北京周口店山顶洞人，就已经知道打扮自己。他们用穿孔的兽齿、石珠作为装饰品，挂在脖子上。他们在去世的族人身旁撒放赤铁矿粉，举行原始宗教仪式。这是迄今为止在中国发现的最早的葬仪。这个时期礼仪较为简单和虔诚，还不具有阶级性。在原始社会，生产力水平低下，人类处于蒙昧状态，人际关系简单，礼仪也非常简朴。人类对大自然的崇拜、祭天敬神成为原始社会礼仪的主要内容。同时，由于原始社会没有阶级，只有等级，如老与幼、首领与成员等，这个时期的礼仪也反映了民主、平等、等级的观念。原始社会的礼仪对于教育社会成员、维护社会秩序、规范生产和生活起到了相当于法律的作用。

（二）奴隶社会的礼仪

随着社会生产力的发展，原始社会逐步解体，人类进入了奴隶社会。统治阶级为了巩固自己的统治地位，把原始的宗教礼仪发展成符合奴隶社会政治需要的礼制，礼被打上了阶级的烙印。在这一阶段，中国第一次形成了比较完整的国家礼仪与制度。中国古代的礼制典籍亦多撰修于这一时期。周代的《周礼》《仪礼》《礼记》（简称"三礼"）就是我国最早的礼仪学专著，其全面系统地反映了周代的礼仪制度，标志着周礼已经达到系统、完备的阶段，并由原先祭祀天地祖先的形式跨入了全面制约人的行为的领域。"三礼"等珍贵的典籍和文献，是我国礼仪的经典之作，对我国后世的礼仪建设起到了一定的作用。在奴隶社会，尊君思想成为礼仪的核心，奴隶主通过礼仪制度不断地强化人们的尊卑意识，以维护统治阶级的利益，巩固其统治地位。

随后，学术界形成了百家争鸣的局面，以孔子、孟子、荀子为代表的诸子百家对礼教给予了研究和发展，对礼仪的起源、本质和功能进行了系统阐述，第一次在理论上全面而深刻地论述了社会等级秩序划分及其意义。孔子把"礼"看成是治国、安邦、平定天下的基础。他认为"不学礼，无以立""质胜文则野，文胜质则史。文质彬彬，然后君子"；他要求人们用礼的规范来约束自己的行为，要做到"非礼勿视，非礼勿听，非礼勿言，非礼勿动"；他倡导"仁者爱人"，强调人与人之间要有同情心，要相互关心，彼此尊重。孟子把"礼"解释为对尊长和宾客严肃而有礼貌，即"恭敬之心，礼也"，并把"礼"看作是人的善性的发端之一。荀子把"礼"作为人生哲学思想的核心，把"礼"看作是做人的根本目的和最高理想，"礼者，人道之极也"。他认为"礼"既是目标、理

案例讨论

5

想，又是行为过程。

（三）封建社会的礼仪

到了封建社会，为了满足封建社会政治统治的需要，礼仪得到了进一步的深化和发展。通过一系列的教化，强调礼制的规范和要求，不仅运用于社会生活的一切领域，而且内化为人们的思想意识，指导和规范人们的言行，成为人们思想和行为的准则。奴隶社会的尊君观念在封建社会发展为"君权神授"的理论体系，到了宋代，封建礼制有了进一步发展，诞生了完整的封建理学理论，把道德和行为规范作为封建礼制的中心。明清时期延续了宋代以来的封建礼仪并进一步完善。封建礼仪中的"君权神授"夸大神化了帝王权力，"三纲五常""三从""四德"使人的个性受到了极大的压抑，限制了人们之间的平等交往。封建礼仪是统治阶级最重要的统治工具。在我国长达 2000 多年的封建社会里，尽管在不同的朝代，礼仪文化具有不同的社会政治、经济、文化特征，但却有一个共同点，就是一直为统治阶级所利用，礼仪成为维护封建社会等级秩序的工具。封建社会的礼仪要求在某种程度上并不利于人与人之间的平等交往，成为制约当时人民思想的精神枷锁。

情景故事

（四）半封建半殖民地社会的礼仪

进入了半封建半殖民地社会后，西方的政治、经济、文化、思想以及资本主义的道德和礼仪开始影响中国。在这一时期，中国传统礼仪和资本主义礼仪相互撞击，在一定范围和一定层次上相互融合，形成中西合璧的礼仪融合过程。资本主义礼仪规范的传入方式虽然不光彩，但也受到了中国部分阶层的欢迎，并逐步推广到各个阶层和社会生活的各个方面。资本主义礼仪规范在中国的推广和实施，在一定程度上促进了世界各国礼仪道德文化之间的交流和学习。

（五）近现代社会的礼仪

中华人民共和国成立以后，社会性质发生了根本的变化，礼仪同道德一起，为形成良好的社会公德、提高人民素质做出了贡献。社会主义社会的礼仪，既继承和弘扬了中华民族的传统美德，又学习和吸收了世界其他国家和民族的先进礼仪。这些礼仪在 20 世纪五六十年代集中发挥了行为规范和道德准则的作用，形成了人们之间诚恳相待、助人为乐，甚至"路不拾遗、夜不闭户"等世所公认的良好社会风尚。改革开放以后，随着中国同世界各国交流的增多，西方的礼仪文化使我国的礼仪规范又增加了许多新的内容，更加符合国际惯例的要求。我国现代礼仪在中国传统礼仪的基础上，取其精华，去其糟粕，继承和发扬了中华民族在礼仪方面的优良传统，又具有时代的特点，在新的领域同国际礼仪接轨，符合国际通行原则。随着我国对外开放的深入，对外交往不断扩大，不断吸收国际的通用礼仪习俗，逐步形成了现代礼仪。拥有礼仪意识和掌握更多的礼仪知识是符合时代要求、顺应潮流发展的。

三、西方礼仪的起源

西方文明史同样在很大程度上表现为人类对礼仪的追求及其演变的历史。在古希腊的文献典籍中，已经有很多关于礼仪的论述。到了中世纪，礼仪在西方更加有了突飞猛进的发展，当时流行所谓的"骑士"礼仪。文艺复兴以后，西方对礼仪的注重达到了顶峰。到了路易十五时期，从宫廷到平民，无不把礼仪当作是一种身份体面的象征，贵族中，礼仪是他们平时学习的重要课程之一，此时所倡导的礼仪从所谓的"骑士精神"变为"绅士"风度。

人类为维持与发展血缘亲情以外的各种人际关系，避免"格斗"或"战争"，逐步形成了各种与"格斗""战争"有关的动态礼仪。例如，为了表示自己手里没有武器，让对方感觉到自己没有恶意，于是创造了举手礼，后来演变为握手；为了表示自己的友好与尊重，愿意在对方面前"丢盔卸甲"，于是创造了脱帽礼。在古希腊的文献典籍中，如苏格拉底、柏拉图、亚里士多德等先哲的著作中，都有很多关于礼仪的论述。中世纪更是礼仪发展的鼎盛时代。文艺复兴以后，欧美的西方礼仪有了新的发展，从上层社会对礼节的烦琐要求到20世纪中期对优美举止的赞赏，一直到适应社会平等关系的比较简单的礼仪规则。

西方礼仪的形成经历了一个复杂的历史过程。著名西方礼仪专家让·塞尔在分析西方礼仪形成时指出：它是地中海式的礼仪，因为思想方法、思维方式的灵活性和分寸感都来自古希腊文化；从法的观念和等级形式来看，它是古罗马式的；注重博爱、自由和平等的精神，体现出它是基督教式的。中世纪和文艺复兴的连续影响把妇女置于社交生活的中心地位，使妇女成为受尊重的对象，这是其他文明所没有的。

在国际交往中，为避免因为各国文化、历史差异而产生误会和隔阂，逐渐形成了一种约定俗成且大家共同采用并遵守的通行礼仪，成为人与人之间进行交往的行为准则和规范。国际交往的参与者能够以共同接受的通行礼仪约束自己的行为，这也有助于相互理解与接受。虽然中外礼仪根植的文化土壤不同，但都植根于文明，并随着文明的发展而形成。

第二节 礼仪的内涵、特征和功能

有礼仪修养的人，给人以"有教养""有风度""有魅力"的感觉，备受欢迎和尊敬，能获得更多的理解和支持。拿破仑·希尔说："世界上最廉价的而且能够得到最大收益的一项品质就是礼节。"礼仪在行为美学方面指导着人们不断地充实和完善自我并潜移默化地熏陶着人们的心灵。

一、礼仪的内涵

（一）礼仪

礼仪能帮助个人树立良好的形象，所谓"细微处见精神"，礼仪可以提升个人的素养，使人们的谈吐变得越来越文明，人们的装饰打扮变得越来越富有个性，举止仪态越来越优雅，并符合大众的审美原则，体现出时代的特色和精神风貌，成为一个情趣高尚、气质优雅、风度潇洒、受人欢迎的人。

在我国，礼和仪有时是分开使用的，各有其意。《辞海》中对"礼"的解释主要有三种：一为敬神，引申为对别人表示尊敬；二为表达敬意或为表示隆重而举行的仪式；三为规范，泛指奴隶社会或封建社会贵族等级的社会规范和道德规范。"仪"在《辞海》中有礼节、仪式、法度、法则、容貌、举止等含义。由此可见，礼仪的内容相当宽泛。

当前我国礼仪界的学者通常认为，礼仪是人们在社会交往中，为了表示相互尊重而共同遵守的约定俗成的行为准则和规范。它既可以指在较大、较隆重的场合为表示礼貌和尊重而举行的礼宾仪式，也可以泛指人们相互交往的礼节、礼貌。礼仪是对礼貌、礼节和仪式的统称。礼的本质是"诚"，有敬重、友好、谦恭、关心、体贴之意。礼是人与人之间交往乃至国际交往中表示尊重、亲善和友好的行为。对社会而言，礼仪是正式交往活动中所采取的一种行为以及语言等规范；对个人而言，礼仪是人们在社会生活中处理人际关系时约束自己、尊重他人的准则。一个人对自己、对集体、对工作、对自然、对社会、对国家的尊重之意，热爱之情，用得体美好的言谈举止、仪表仪式表达出来就是礼仪。

（二）礼貌

礼貌是指人们在交往过程中通过言语、行动向交往对象表示敬意和友好的行为，是个人在待人接物时的外在表现。礼貌的行为，通常是指无声的语言，包括仪容、仪表、仪态等；礼貌的语言，通常是指有声的语言，是指应多讲敬语、说话和气、言谈得体等。礼貌反映了时代的道德风尚，体现了人们的文化层次和文明程度。人们在相互交往中有礼貌，不仅体现了人与人之间相互尊重和友好合作的新型关系，而且有助于调节人与人之间的相互关系，缓解和避免某些不必要的个人矛盾冲突。

（三）礼节

礼节是指人们在日常生活中待人接物的行为准则。特别是在交际场合中，礼节是相互表示问候、致意、祝愿、慰问以及给予必要的协助与照料的惯用形式。礼节是礼貌的具体表现，具有形式化的特点，如握手、鼓掌、鞠躬、拥抱、接吻、点头致意、微笑、举手和注目等。各国、各民族都有自己的特殊礼节，并且礼节也随着时代的进步而发展变化。因此在相互交往中，特别是商务活动中，熟知并尊重各国、各民族的礼节和习俗是十分必要的。

（四）仪式

仪式是一种正式的礼节形式，是指为表示礼貌和尊重在一定场合举行的、具有专门程序的、规范化的活动。由于目的不同，举行的仪式也多种多样，有迎送仪式、签字仪式、颁奖仪式、开幕式、闭幕式以及升旗仪式等。仪式作为表达礼貌、礼节的形式，在礼仪中具有重要的作用。

（五）礼、礼貌、礼节、礼仪之间的关系

礼是一种社会道德规范，是人们在社会交际中的行为准则。礼貌、礼节、礼仪都属于礼的范畴。礼貌是表示尊重的言行规范；礼节是表示尊重的惯用形式和具体要求；礼仪是由一系列具体表示礼貌的礼节所构成的完整过程。礼貌、礼节、礼仪三者尽管名称不同，但都是人们在相互交往中表示尊敬、友好的行为，其本质都是尊重人、关心人，三者相辅相成，密不可分。礼貌是礼仪的基础，礼节是礼仪的基本组成部分；礼是仪的本质，而仪则是礼的外在表现。礼仪在层次上要高于礼貌、礼节，其内涵更深、更广，它是由一系列具体的礼貌、礼节所构成的；礼节只是一种具体的做法，而礼仪则是一个表示礼貌的系统完整的过程。对个体而言，礼仪是我们商务生活和人际交往中不可缺少的通行证；对社会而言，礼仪则是精神文明建设的重要组成部分，是一个社会文明程度、道德风尚和生活习惯的反映。

二、礼仪的特征

（一）社会性

所谓礼仪的社会性，一是从礼仪文化的起源和发展来看，礼仪产生于人类社会之初，并贯穿于整个人类社会发展的始终。人们追求真善美的愿望是一致的，礼仪是社会各阶层人士所共同遵守的准则与行为规范。每个人都要依礼办事，全人类不管哪个国家、哪个民族都以讲礼仪为荣。无论是在结绳记事、刀耕火种的远古时代，还是在科技发达、文明程度较高的现代社会，礼仪都具有广泛的社会性，并随着社会的进步而进步，随着时代的发展而发展。

礼尚往来，礼貌待客，文质彬彬，举止得体，都是符合大多数人的价值取向的文明标志。只要有人类社会存在，就有人与人之间关系的存在；只要存在人与人之间的关系，就会有规范人的行为规则的礼仪存在。宋代出版的启蒙教材《三字经》，强调了礼仪的重要性，"为人子，方少时，亲师友，习礼仪。"即是说作为子女，从小就要接近师长和朋友，学习为人处世的礼仪，因为这是做人的起点。从现代礼仪的功能和应用的范围来看，礼仪作为一种社会规范，涉及社会的各个领域，渗透于各种社会关系之中，调节着社会成员在社会生活中的诸多关系，从而使社会更和谐、更有序、更文明、更进步。

（二）规范性

礼仪指的就是人们在各种交际场合待人接物时必须遵守的行为规范。这种规范性，不仅约束着人们在一切交际场合的言谈话语、行为举止，使之合乎礼仪，而且也是人们在交际场合必须采用的一种"通用语言"，是衡量他人、判断自己是否自律、敬人的一种尺度。所谓礼仪的规范性，是指人际交往中的礼仪所具有的一定的标准和规则。礼仪规范的形成不是人们抽象思维的结果，而是人们在人际交往实践中所形成的并以某种风俗习惯和传统的方式固定下来的行为模式，是体现当代社会要求并被人们普遍遵循的行为准则。这种行为准则，制约着人们交往中的言谈举止，体现人们的礼仪修养。遵循这种行为准则，即符合礼仪的要求；违反这种行为准则，便是违反礼仪的要求。如国际通用的握手礼，其出手力度和时间的长短都有规范的要求。例如，不能用左手，不能太用力，不能握得时间太长，否则就是失礼。

礼仪规范的形式在一定范围内往往具有人们共同认可的某种意义，交际时必须按其代表的意义行事，不能标新立异、别出心裁，否则会发生误会，影响沟通。例如，写信按惯例不能用红笔，用红笔写信表示的意义是绝交；把戒指戴在不同的手指上所表示的含义也是不一样的。在人际交往中出现的沟通障碍，往往是交际的一方或双方没有遵循礼仪规范造成的。学习礼仪规范，就是要掌握在不同的交际场合、面对不同的交际对象，应该怎样去做，不应该怎样去做，使自己的交际行为完全符合规范化的要求。任何人要想在交际场合表现得合乎礼仪、彬彬有礼，都必须对礼仪无条件地加以遵守。另起炉灶，自搞一套，或是只遵守个人适应的部分，而不遵守自己不适应的部分，都难以为交往对象所接受、所理解。

（三）互动性

礼仪的互动性，是指当交往的一方主动向对方施礼时，另一方要做出相应的回礼，如互相问候、互相握手、互相拥抱等。"来而不往，非礼也"，如果受礼者不还礼，则是轻视他人的失礼行为。礼仪的互动性过程就是体现交际双方你敬我、我也敬你的过程。在交际的互动过程中，施礼有一个先后的问题，谁先施礼要受交际环境和交际对象的限定。如在服务客户的过程中，应是服务人员先向服务对象施礼；学生见到老师，应是学生先给老师施礼；与长者交往，应是年轻者先向年长者施礼；上下级之间交往，应是下级先给上级施礼。如此以体现对对方的尊重。

（四）民族性

所谓民族性，是指礼仪在同一内容的表现形式上以及在同一表现形式代表的意义上都受到民族因素的影响而具有的独特性、差异性。同一内容在不同民族中可能有着不同的表现形式，同一形式在不同的民族中也可能代表着不同的意义。例如，中国人认为当面拆看礼物不礼貌，而西方人恰恰相反；在美国，儿子可对父亲直呼其名，在阿拉伯地区，男性之间手拉着手走路是一种友好和相互尊重的表示。同是见面礼节的表达，我国多行握手礼，日本多行鞠躬礼，而欧美国家则多行拥抱礼。即使是同一个国家，不同民族的礼仪也是不同的。如傣族在泼水节上向他人身上泼水表示尊重，而汉族若有此举，则会被视为无礼的行为。民族性反映了礼仪的传承性和差异性，没有传承性和差异性，民族性也就不复存在。

（五）差异性

由于地域不同、民族不同、文化背景不同，礼仪除了有共同性特点之外，还带有本地域民族的自身特点，这就形成了礼仪表现形式上的差异性。例如，有一种手势，大拇指和食指环成圆圈，其余手指伸展，即"OK"的手势，这种手势在美国表示"赞同""了不起"，但是在巴西则是指责别人行为不端。所以礼仪除了具有一定的固定形式与规范外，还要注意因时因地因对象的不同，而"入乡随俗"。

（六）传承性

礼仪规范将人们交际活动中约定俗成的程式固定下来，这种固化程式随着时间的推移沿袭下来，形成了传承性特点。人们对留传下来的礼仪规范应采取取其精华、去其糟粕、古为今用的态度。任何国家的礼仪都具有自己鲜明的民族特色，任何国家的现代礼仪都是在古代礼仪的基础上继承、发展起来的，离开了对本国、本民族既往礼仪成果的传承或扬弃，就不可能形成现代礼仪。作为一种人类文明的积累，礼仪将人们在交际应酬中的习惯做法固定下来，流传下去，并逐渐形成自己的民族特色，这不是一种短暂的社会现象，也不会因为社会制度的更替而消失。传承性使礼仪的民族性经久不衰，差异性使礼仪的民族特色更加鲜明。在了解了礼仪的民族性特点后，我们既要尊重不同民族的礼仪习惯，又要将具有民族特色和反映本民族文明水平、道德风貌、礼仪修养的传统礼仪发扬光大；同时还要顺应社会的发展和时代的要求，使传统礼仪与国际惯例接轨，从而使现代礼仪更简洁、更实用、更文明、更优雅。

（七）可操作性

切实有效、实用可行、规则简明、易学易会、便于操作，是礼仪的一大特征。礼仪不是纸上谈兵、空洞无物、不着边际、故弄玄虚、夸夸其谈，而是既有总体上的礼仪原则、礼仪规范，又有具体细节上的一系列方式、方法。仔细周详地对礼仪原则、礼仪规范加以贯彻，并把它们落到实处，使之"言之有物""行之有礼"，不尚空谈，才能使礼仪更好地被人们广泛地运用于交际实践。

（八）时代性

从本质上讲，礼仪可以说是一种社会历史发展的产物，具有鲜明的时代特点。一方面，它是在人类长期的交际活动实践中形成、发展、完善起来的，绝不可能凭空杜撰、一蹴而就，完全脱离特定的历史背景；另一方面，社会的发展，历史的进步，由此而引起的众多社交活动的新特点、新问题的出现，又要求礼仪有所变化，有所进步，推陈出新，与时代同步，以适应新形势下的新要求。随着世界经济国际化倾向的日益明显，各个国家、各个地区、各个民族之间的交往日益密切，他们的礼仪随之也不断地相互影响，相互渗透，相互取长补短，不断地被赋予新的内容，这就使礼仪具有相对的变动性。了解了这一点，就不会把礼仪当作一成不变的东西，而是能够更好地以发展、变化的眼光去对待它。

三、礼仪的功能

明末清初思想家颜元曾就礼仪的重要性做过如下描述："国尚礼则国昌，家尚礼则家大，身尚礼则身正，心尚礼则心泰。"现代社会中，礼仪已渗透到日常生活的方方面面，无时无处不在发挥着它的作用。礼仪之所以被提倡，之所以受到社会各界的普遍重视，主要是因为它具有多重重要的功能，既有助于个人，又有助于社会。礼仪的功能主要体现在以下几个方面。

（一）教育功能

礼仪对于个人的教育导向作用尤为突出。在社会生活中，礼仪对国民综合素质，尤其是道德素质的提高，有着十分重要的教育和导向功能。加强礼仪教育，提高全体国民的道德素质，做到讲文明、讲礼貌，社会就会更安定、更和谐。通过学习礼仪，人们可以提高自身的道德修养和文明程度，更好地展示自身的优雅风度和良好的形象。一个彬彬有礼、谈吐有致的人，会受到人们的尊重和赞扬，同时，也会给周围的人、给社会带来温暖和欢乐。礼仪教育是培养和造就当今社会一代新人的重要内容，其教育导向作用是显而易见的，也是其他教育形式所不可替代的。

（二）联络功能

社会是一部庞大的、高速运转的机器，它的正常运转，以人与人之间、部门与部门之间、组织与组织之间的协调和有序为前提。礼仪犹如润滑剂，能使错综复杂的人际关系减少一点摩擦。学习礼仪、运用礼仪的作用，可以概括为一句话：有助于人际交往问题最小化。古人云："敬人者，人恒敬之。"人们一般对尊重自己的人有一种天然的亲和力和认同感。俗语道："你敬我一尺，我敬你一丈。"这些表达的都是同一个含义：尊重是相互的。尊重可以使对方在心理上感到满足、愉悦，从而产生好感和信任。通过完备的礼仪，可以联络人与人之间的感情，协调周围的人际关系，使一切不愉快烟消云散、冰消雪融。因此，礼仪是联络感情的手段，人们讲究礼貌、礼节、举行仪式等，目的也是为了联络双方的感情。

（三）沟通功能

礼仪行为是一种信息性很强的行为，每一种礼仪行为都表达出一种甚至多种信息。促进人与人之间的沟通和人们的社会交往，改善人与人之间的相互关系，是礼仪的又一重要功能。现代社会人际交往日益增多，人们通过社交调节生活、建立友谊、融洽关系、增长见识、扩展信息。讲究礼仪，可以唤起人们的沟通欲望，相互建立起好感和信任，进而形成和谐、良好的人际关系，促进交际的成功，并使交往范围扩大，进而有助于事业的发展。

由于每个人的社会政治、经济、文化背景不同，性格、职业、年龄、性别也存在差异，人们在交往中常常表现出不同的价值取向。礼仪作为社会交往的规范和准则，可以很好地协调人们之间的相互关系，起到"润滑剂"的作用。可以说，礼仪的学习和应用，有利于建立新型的人际关系，使人们在交往中严于律己、宽以待人、互尊互敬、和睦相处，形成良好的社会环境和健康向上的社会风尚。

（四）规范功能

礼仪作为社会行为规范，对人们的行为有很强的约束力。在维护社会秩序方面，礼仪起着法律所起不到的作用。在社会生活中，无论是生产活动还是日常生活，人们都必须按一定的客观规律办事，都必须有正常的社会秩序，每个人的行为都必须遵守一定的社会生活准则和规范。礼仪约束着人们的动机和态度，规范着人们的行为方式，协调着人与人之间的关系。可以说，社会的稳定运行、社会秩序的有条不紊、人际关系的协调融洽，都依赖于人们共同遵守礼仪的规范和要求。正是因为礼仪有规范社会行为和维护社会秩序的功能，只要人们自觉地遵守，就能培育良好的社会风尚和道德习惯，保证社会正常的生产和生活秩序。社会上讲礼仪的人越多，社会便会越和谐稳定。

（五）形象功能

当今社会，形象是对外交往的门面和窗口，良好的组织形象可以给组织带来很好的社会效益。现代组织在管理中，特别注重员工的内在素质和外部形象。从组织角度出发，每一位员工都应有强烈的形象意识。而礼仪是企业形象、文化、员工修养素质的综合体现，我们只有做好应有的礼仪才能将企业在形象塑造、文化表达上提升到一个满意的地位。因为人们在工作中，总是代表着自己所在组织的利益，工作中的各种形象也就代表着组织的形象。简而言之，个人形象代表企业形象，个人的行为，就是本企业的典型"活广告"。在一定意义上，规范化的礼仪能够最大限度地满足人类交往过程中的精神需求。香港著名商人霍英东先生曾说过："先有人气，才有财气，和气生财。"得人心者得市场，更得美名传天下。商务礼仪展示了企业的文明程度、管理风格、道德水准，从而塑造了良好的企业形象。

案例讨论

（六）附加值功能

礼仪不仅可强化企业的道德要求，还可树立优质服务的企业形象。许多企业家认为：企业活力＝商品力＋服务力。在产品本身差异化越来越小的今天，服务的特色已越来越成为不少企业的核心竞争力之一。可以说，礼仪是企业无形的广告，可以提高服务的质量。工作人员的一举一动、一笑一言都是服务质量的基础。现代的市场竞争是一种形象竞争，高素质的员工必定伴随高质量的服务，每一位员工的礼仪修养对企业的形象无疑会起着十分重要的作用。它有助于企业创造更好的经济效益和社会效益，同时有利于提升企业的文化内涵和品牌效应。

知识链接

（七）社会发展功能

礼仪具有推动社会进步、发展社会主义精神文明的功能。历史上孔子主张"为政以德"，即以德治国，认为："道之以政，齐之以刑，民免而无耻；道之以德，齐之以礼，有耻且格。"这充分说明了礼仪在国家建设和社会发展中的重要地位和作用。现代社会，人们常把礼仪看作一个民族的精神面貌和凝聚力的体现。礼仪讲究和谐，重视内在美和外在美，统领着人们不断地充实和完善自我，并潜移默化地熏陶着人们的心灵。人们的谈吐变得越来越文明，人们的装饰打扮变得越来越美观大方，人们的举止仪态变得越来越优雅，并符合大众的审美原则，体现出时代特色和精神风貌。学习礼仪、遵守礼仪，可以净化社会风气，提升个人和社会的精神品位，展示良好形象，推动精神文明建设，促进社会和谐发展。

第三节　礼仪的原则和培养

随着改革开放的不断深入，中国同其他国家的往来与合作越来越多。无论是商务接待，还是商务访问，都有一个既要尊重对方，又要维护好我方的国格与人格问题。正确处理好这个问题的关键，就是要学习并适时运用商务礼仪，遵守必要的交往规则。

一、礼仪的原则

任何事物都有自己的规则，商务礼仪也不例外，凝结在商务礼仪规范背后的共同理念和宗旨也是衡量我们在不同场合、不同文化背景下的礼仪正确、得体的标准。商务礼仪原则是我们在执行每一项商务礼仪时应该遵守的共同法则。同样的场合会带来不同的结果，同样的场合也因人的不同而有不同的含义，所以，要在纷繁复杂、瞬息万变的商业竞争中立于不败之地，就需要掌握商务礼仪的基本原则。

（一）尊重的原则

孔子说："礼者，敬人也。"这是对礼仪的核心思想的高度概括。"敬人者，人恒敬之"，在交往中，只有尊重别人，才能赢得别人对你的尊重。在彼此尊重的基础上，双方才能进行友好的交往。礼仪以尊重为第一原则，尊重他人的人格，这是礼仪的情感基础。要敬人之心常存，处处不可失敬于人，不可伤害他人的个人尊严，更不能侮辱对方的人格。尊重包括尊重自己和尊重他人两个方面。尊重自己就是尊重和维护自己的人格，自重自爱，维护个人乃至组织的形象；尊重他人就是尊重他人的人格，尊重他人的工作，尊重他人的感情、愿望、习惯和爱好。这就要求我们

案例讨论

在商务交往过程中，将对他人的重视、恭敬、友好放在第一位，这是礼仪的灵魂，也是商务礼仪的重点与核心。只要不失敬人之意，哪怕具体做法一时失当，也容易获得对方的谅解。特别是对待出言不逊的客户时同样应给予其尊重，友善对待，这是处理与客户关系的重要原则。

（二）真诚的原则

真诚就是在商务交往过程中要做到诚实守信，言行一致，表里如一，不虚伪、不做作。真诚会使人在交往时有明确的可知性和预见性，只有真诚，才能使别人放心，赢得别人的信任；只有真诚，才能表达对客户的尊敬与友好，才会更好地被对方所理解、接受与信任，从而在感情上引起共鸣。与此相反，倘若仅把礼仪作为一种道具和伪装，在具体操作礼仪规范时口是心非，言行不一，则是有悖礼仪的基本宗旨的。如果缺乏真诚，那么礼仪只能是流于形式。

苏格拉底曾言："不要靠馈赠来获得一个朋友，你须贡献你诚挚的爱，学习怎样用正当的方法来赢得一个人的心。"可见在与人交往时，真诚尊重是礼仪的首要原则，只有真诚待人才是尊重他人，只有真诚尊重，方能创造和谐愉快的人际关系，真诚和尊重是相辅相成的。

真诚是对人对事的一种实事求是的态度，是待人真心实意的友善表现。真诚和尊重首先表现为对人不说谎、不虚伪、不骗人、不侮辱人；其次表现为对于他人的正确认识，相信他人，尊重他人。所谓心底无私天地宽，只有真诚地奉献，才有丰硕的收获，只有真诚尊重方能使双方心心相印，友谊地久天长。

真诚是做人之本，也是商务人员的立业之道。有位名人曾说过，人与人相交贵在交心，人与人相知贵在知品，人与人相敬贵在敬德。真诚向来是为人所称道的道德，而虚伪做假最遭人厌弃。真诚待人，可广结人缘，拥有众多的同行朋友和社会友人，

情景故事

与人相处就会感情融洽，即使有点误会或隔阂，也能消除；虚假处世，只会糊弄一时，终不会长久，必定相交者寡。

案例讨论

尊重他人是一个人的文化素养的体现，是一个人的精神境界的写照，是一个人有无社会经验的表现。就像在谈判桌上，尽管对方是对手，也应彬彬有礼，显示自己尊重他人的风度，这既是礼貌的表现，同时也是心理上战胜对方的策略。要表现真诚和尊重，在社交场合应切记三点：给他人充分表现的机会，对他人表现出最大的热情，永远给对方留有余地。

（三）自律的原则

自律原则乃自我约束的原则。在社会交往过程中，我们要在心中树立起一种内心的道德信念和行为修养准则，以此来约束自己的行为，严于律己，实现自我教育、自我管理。自律原则是指在社交中自觉按礼仪规范去做，无须别人的提示与监督。通过礼仪的教育和训练逐渐使人们树立起一种内心的道德信念和礼貌修养准则，这样就会获得一种内在的力量。在这种力量下，人们不断提高自我约束、自我控制的能力。自觉依据规范待人处世的人，能够使大家相处和谐、愉快；反之，就容易使人产生反感，甚至发生冲突。

在礼仪行为的实施过程中，只有每个人首先"从我做起"，而不是苛求别人，才能在与他人的交往中形成和谐友好的关系。因此，首先要加强自身修养，要做到自律。自律就是自我约束，按照礼仪规范严格要求自己，严格按照礼仪标准规范自己的言行。在工作中、行动上不出格，仪态上不失态，言语上不失礼。这是商务礼仪的基础和出发点，不断自我要求，自我约束，自我对照，自我反省，自我检查。

不论是在上司面前，还是出于业务的考虑，都应认为遵守礼仪是尊重他人的重要表现，应"慎独"，将良好的礼仪规则内化到心中，成为个人素质的一部分，这样做起来才会自然，不显得做作。君子不失足于人，不失色于人，不失口于人，这是中国古人之训。现代商务活动中与他人交往，同样不可随心所欲，要做到自律和自重。

情景故事

（四）宽容的原则

宽容是指心胸宽广，忍耐性强。宽容的原则即与人为善的原则。宽容原则是指要设身处地地为别人着想，原谅别人的过失，所谓"海纳百川，有容乃大"。在社交场合，宽容是一种较高的境界。

正如孔子所言："宽则得众。"宽容要求我们待人以宽，豁达大度，发现别人的长处，不过分计较对方礼仪上的差错过失，大度容下别人的过失，不过分计较和不追究。具体表现为一种胸襟、一种容纳意识和自控能力。它是进行人际交往的"润滑剂"，可以减少交往中不必要的摩擦和纷争。

宽容原则要求我们在工作过程中，既要严于律己，更要宽以待人。要多体谅他人，多理解他人，学会与交往对象进行心理换位。面对他人提出的过分的甚至是失礼的要求，我们应冷静而耐心地解释，切不可求全责备、斤斤计较，甚至咄咄逼人。否则会使宾客产生逆反心理，形成对抗，引起纠纷。当客户有过错时，我们要"得理也让人"，学会宽容对方，让客户体面地下台阶。在他人对我们提出批评意见时，本着"有则改之，无则加勉"的态度，认真倾听。

要体现宽容原则，应做到以下几点：第一，要入乡随俗，尊重当地的风俗习惯和宗教信仰；第二，要理解他人、体谅他人，对他人不求全责备，所谓"金无足赤，人无完人"；第三，要虚心接受他人对自己的批评意见，即使批评错了，也要认真倾听。有了过错后允许他人批评指正，才能得到大家的理解和尊重。有时批评者的意见可能是错误的，但只要不是出于恶意，就应以宽容大度的姿态对待，有则改之，无则加勉。宽容是人类的一种伟大思想，在人际交往中，宽容的思想是创造和谐人际关系的法宝。站在对方的立场去考虑一切，是争取朋友的最好方法。

（五）适度的原则

在人际交往中，情感和礼仪的表达也有一个适度的问题。比如握手，毫不用力，会让对方产生一种被冷淡或不被看重的感觉；用力过大，会给人以粗俗的感觉；只有用力适中，才会让人觉得热情、真诚。适度原则指交往中应把握的礼仪分寸，即根据具体情况、具体情境而采取相应的礼仪行为。

礼仪是一种程序规定，而程序自身就是一种"度"。适度就是把握分寸，认真得体。表示尊敬还是热情都需要有一个"度"的问题，牢记过犹不及的道理。要把握与他人交往与沟通的适度性，控制感情尺度。所谓"适度"，是指既要掌握感情适度、举止适度，还要注意谈吐适度；既热情友好、尊重他人、殷勤接待，又自尊自爱、端庄稳重、落落大方，体现平等公正、不卑不亢。

在商务交往中，礼仪行为总是表现为双方的，必须讲究平等的原则。平等是人与人交往时建立情感的基础，是保持良好的人际关系的诀窍，要做到处处时时平等谦虚待人。在国际交往中，任何国家都是平等的，应相互尊重，在礼仪上要平等对待每个国家，要维护国家的尊严和坚持民族的气节。作为商务人士，在国际性的商务往来中，也要牢记这个原则。因为，在国际商务往来的过程中，商务人员代表的不仅仅是企业或公司的形象，更代表着整个国家、整个民族的形象。商务人员需要时刻保持良好的言行举止，个人的一言一行、一举一动，都应该从容得体，既不能卑躬屈膝，也不应狂妄自大。

世界上各个国家和民族在长期的历史发展过程中，都形成了一些本国和本民族独特的文化、风俗和习惯。在现代商务的各种场合中，我们不是非得按照一些固定的礼仪规则去做事，而是要根据不同条件和场合，灵活掌握和应用各种礼仪规范。没有一成不变的标准，要根据具体情况和个人的习惯做出选择，必要时则审时度势，入乡随俗，采取合适的行动。

（六）入乡随俗的原则

在国际性的商务活动中，如果对交往对象所特有的风俗习惯不甚了解，就会无意之间做出一些令对方看来是"不可容忍"的事。古有"入境而问禁，入国而问俗，入门而问讳"之说，也就是说，在去一个国家、地区前应该充分了解对方的风俗习惯。

"入乡随俗"就是对对方特有的习俗加以了解、尊重并遵从。这样才更容易增进世界各国间的理解，加强相互间的沟通往来，也是向外国友人表达亲善友好情感的最佳方式。除了事先对他国的风俗习惯做到心中有数外，还必须无条件地、发自内心地尊重对方的特有习惯，绝不可妄加非议，少见多怪。此外，在国际商务往来中，当自己身为东道主时，通常讲究"主随客便"，而当自己做客他国时，则又讲究"客随主便"。这两种实际上都是对"入乡随俗"原则的具体展现，是尊重对方的生动体现。

（七）谦虚和善的原则

谦虚和善既是一种美德，也是社交成功的重要条件。《荀子·劝学》中曾说："礼恭而后可与言道之方，辞顺而后可与言道之理，色从而后可与言道之致。"意思是说只有举止、言谈、态度都谦恭有礼时，才能从别人那里得到教诲。谦和，在社交场合即表现为平易近人、热情大方、善于与人相处、乐于听取他人的意见，显示出虚怀若谷的胸襟，因此对周围的人具有很强的吸引力。当然，我们此处强调的谦和并非无原则地妥协和退让，更不是妄自菲薄。

礼仪不仅是社会生活的要求，更是一个人乃至一个民族文明水准的体现。随着人类社会的不断发展与进步，人与人之间的交往越来越频繁和密切，在长期的商务往来与合作中，逐渐形成了通用的商务礼仪和礼节。总之，掌握并遵守礼仪原则，在人际交往、商务活动中，就有可能成为待人诚恳、彬彬有礼之人，从而受到别人的尊敬和尊重。

视频学习

（八）信守时约的原则

遵守时间是对别人尊重的重要体现，甚至相当于珍惜别人的生命。时间就是金钱，时间就是生命，商场上最看重的莫过于守信了，而遵守时间也是守信的表现，所以与人相约定要守时。守信是中华民族的美德，在社交场合，尤其讲究以下几点：一是守时。预定的会见、会谈、会议等，绝不应拖延迟到，必须遵守时间，要有很强的时间观念，不能无故迟到甚至不到。不守时、不守约是极为不礼貌的行为。二是要守约，与人签订的协议、约定和口头答应他人的事一定要说到做到，即与人交往要说话算数，按约定办事。所谓言必信，行必果。如果许诺了做不到，就会失信于人。孔子曾有言："民无信不立，与朋友交，言而有信。"因此，个人交往或集体交往，必须诚实守信，诚信也是国际商务往来中的重要礼仪原则。

文明越进步的国家越珍惜生命，也越强调守时的重要性。守时即守约，是企业与个体诚信的核心表现。一个连时间都不能严格遵守、承诺都无法如实履行的企业或个人，是无法得到别人的尊重与信任的。因此，代表公司、企业形象的商务人员要成为信守时约的表率。在商务交往中，要慎重地做出承诺，"三思而后行"，量力而为，不草率行事，不信口开河。对于已经做出的约定，务必认真遵守，如约而行。特别是在与外国商界人员交往的过程中，更要严格履行自己的承诺，认真做到"言必信，行必果"，以塑造良好的中国商界形象。

二、礼仪的培养

（一）认识礼仪的重要性

礼仪是个人、组织外在形象与内在素质的集中体现。礼仪既是尊重别人同时也是尊重自己的体现，在个人事业发展中起着决定性作用。它提升人的涵养，增进了解沟通，细微之处显真情，对内可融洽关系，对外可树立形象，营造和谐的工作和生活环境。例如，在一起工作时间久了，人们之间不再像刚相识时那么拘谨，变得有些随意，见面时不再问候了，谈话中还有可能不经意间带出一些粗话或口头禅，在情绪激动时可能还会口不择言，忘记了客人与同事、上司与下属的区别，这些都违背了礼仪的要求，都会产生不良影响及后果。其实，从礼仪的角度来看，一些过于自由放松的行为是不妥当的。不管是陌生人还是熟人，即便是比较熟悉的同事之间，也不能过分随意，尤其在工作场合，还是需要保持一定的礼仪风度。正是因为礼仪在人际交往中具有不可忽视的作用，因此，在现代社会，任何人都不能轻视礼仪，而是应该主动学习礼仪、讲究礼仪。

（二）塑造良好的道德

道德是礼仪的根本。礼仪是道德的外在表现形式，它显示出一个人的道德修养和文化素质。有道德修养的人，才会有得体的礼仪形式。以礼待人，按礼行事，正是道德高尚的反映。同时礼仪能促使人们修身养性、完善自我。它是评价一个人道德修养水平的标准之一。礼仪是一个人内在气质的外化。它需要我们从内在的道德修养做起，这样才能使自己的修养和礼节的表现和谐统一起来，达到礼仪培养的真正目的。"内外兼修"是学习礼仪课程中的一个不可忽视的问题。

个人礼仪不是简单的个人行为表现，而是个人的公共道德修养在社会活动中的体现，它反映的是一个人内在的品格与文化修养。若缺乏内在修养，个人礼仪对个人行为的具体规定也就不可能自觉遵守、自愿执行。只有"诚于中"方能"行于外"，因此个人礼仪必须以个人修养为基础。礼仪的实质就是体现真诚的爱心、善良的道德情感和对他人的尊重。加强道德修养，提高礼仪水平，首先应遵守社会公德，这是做人最基本的修养；其次应具备职业道德，爱岗敬业，尽职尽责，具备"客户至上"的意识。这样才能使良好的礼仪自然、持久，魅力永恒。

（三）实践强化礼仪规范

在礼貌修养过程中，知礼只是强化了礼貌修养的意识及其基础，但关键在于实践，见诸行动。礼仪修养是一个从知识到实践的不断反复、不断提高的过程，知礼、懂礼，更要守礼、行礼。礼仪是一种行为准则，其中诸如礼貌、礼节等许多规范和约定俗成的做法，需要我们了解掌握，许多技巧、技能需要从实践和训练中获得。礼仪知识只有运用到实践中去，化为实际的礼仪行动，才是有意义的，才能达到"知"与"行"的统一。

礼仪包括仪容仪表、待人接物、礼节等各方面，它贯穿于日常工作及生活交往的点滴之中，打招呼、握手、递名片、入座等司空见惯的行为也有很多的学问与规矩。在工作中，我们在稀松平常的事情上做出的动作可能是不符合礼仪要求的，但正是这些被人们认为稀松平常的事却体现出一个人的涵养来。俗话说"礼多人不怪"，懂礼节、尊礼节不仅不会被别人厌烦，相反还会使别人尊重你、认同你、亲近你，无形之中拉近了同他人之间的心理距离，也为日后合作共事创造了宽松的环境，会使事情向好的方面发展，也会有好的结果。相反，若不注重这些细节，犯了"规矩"就可能使人反感，甚至会使人与人之间的关系恶化，导致事情朝坏的方向发展。所以，在把握原则问题的前提下还应注重礼节，并尽可能地遵守这些礼节，才能确保事情朝着正确的方向发展。

所谓"礼仪藏在细节之中"，身体力行，从小处做起，从我做起，从现在做起，以礼仪的规范来严格要求自己。积极投身到实践之中，在文明气氛较浓的环境中去接受熏陶，对增强自己的文明意识、培养礼貌的行为、涤荡各种粗俗不雅的不良习惯、提高礼仪修养水平是大有好处的。礼仪需要修炼，魅力需要打造，在职业岗位上，我们应该时时处处自觉从大处着眼、小处着手，以礼仪的规范来要求自己的言谈举止，在众多场所多听、多看、多学，久而久之，就会逐渐养成良好的礼仪习惯，并将它融入我们的日常工作之中，从而表现出独特的个性之美。

当然，企业的礼仪规范本身必须科学合理。企业的大多数规范的制定是希望通过对员工行为的要求，达到为客人提供令其满意的服务的目的，因此，企业在制定规范时应根据"以顾客为中心"的理念，站在客人角度考虑问题，力求规范的科学合理。若规范本身不合理或不符合客人的需求，自然会约束员工为客人提供服务的灵活性，使员工规范有余而亲和不足，甚至有时会让客人感到不舒服。此外，合理的规范还需要员工执行有度，即企业必须通过恰当的培训、指导，而不能墨守成规，更不可片面强调。

案例讨论

（四）养成优秀礼仪习惯

礼仪是一种习惯，贵在养成。礼仪是由文明的行为标准真正成为一种自觉、自然的行为的过程，是一个渐变的过程。礼仪修养实际上就是人自觉用正确的思想战胜不正确的思想、用良好的行为习惯纠正不良行为习惯的过程。

礼仪就像空气一样，生活中无所不在。检验一个人的礼仪修养如何，很重要的一条标准就是看他是否已把礼仪规范变成自身个性中的稳定成分，是否能在各种场合自然而然地遵循礼仪要求。良好的礼仪习惯、高尚的道德修养，不是一朝一夕可以养成的，它需要不断学习，拓宽视野，积累知识，日常潜心培养和训练。要想把礼仪知识自觉地、熟练地、恰到好处地运用，就需要自觉培养，所谓"玉不琢，不成器；木不雕，不成材"，从点点滴滴做起，从小事着眼，于"细微处见精神"。通过长期的自觉练习，将礼仪知识变成自身一种自然的动作，形成习惯。这是持之以恒的结果，也是"滴水穿石"的效应。

荀子在《劝学》里强调："君子博学而日参省乎己，则智明而行无过矣。"无论何时何地都严于律己，持之以恒，礼仪的素质和技能就一定会达到理想的境界，逐渐形成个人的礼仪习惯。这是提升礼仪最有效的方式。

CHAPTER2

第二章

仪容仪表礼仪

当今社会，礼仪已成为每个人与对手竞争的重要武器之一，"形象包装"几乎已成为人们实现目标的一项必备工具。优雅的举止、端庄的仪态、合体的服饰就是呈送给对方的无声名片，这张不言不语的"外表名片"往往会影响他人对你的第一判断。

第一节　商务人士的仪容规范

一个人的形象就是品牌，就是机会。要想成为一名成功的商业精英，不但应具备内在的涵养与较高的文化素质，更应该借助外在形象来让自己达到内外统一的完美。要成为彬彬有礼、风度翩翩、备受欢迎的人，首先就必须注意个人形象，注重仪容仪表。

一、塑造形象的重要性

仪表是指人的外表，包括仪容、服饰、姿态和风度等，是一个人教养、性格内涵的外在表现。在人际交往中，一个人的外在形象、精神面貌、身体姿态和行为方式会在别人心目中形成相应的形象，它真实地体现着个人的教养和品位，客观地反映了个人的精神风貌与生活态度，如实地展现了个人对待交往对象的重视程度；同时，它也往往代表着其所属企业的形象，其所属国家、所属民族的形象。

🎬 视频学习

当一个人走进房间时，即使从未谋面，人们也可以从他的外表对他做出以下几个方面的推断：经济水平、受教育程度、可信任程度、社会地位、个人品行、成熟程度、家庭教养情况等。人与人第一次交往中给人留下的印象，就会在对方的头脑中形成并占据着主导地位，这种效应即为"第一印象"效应。良好的外在形象不仅能给人自信，更有可能带给人们机会。人们总是欣赏那些优雅、大方、有风度的人，这种形象给人以有能力、可依赖、高素质的印象，这也正是人人努力追求的外在印象。

🎯 案例讨论

职业形象是员工通过外表、沟通、礼仪表现留给客户的整体印象，这个印象一般能反映出公司的信誉、产品及服务水准。每位员工以良好的职业形象出现在客人面前，就会形成一个企业整体的形象。商务人士无论是出外旅行，还是在公司办公楼，或是出入各类交际场合，都需要注意展现合乎企业礼仪要求的整体形象，避免出现不必要的尴尬或误会。

职业形象设计要注意与个人职业气质相符、与个人年龄相符、与工作场所风格相符、与工作特点相符、与行业要求相符。从个人层面看，有意识地塑造自己良好的职业形象，既可以提升个人的品牌价值，展现自己优雅得体的内涵，体现自己的专业度，也能给客户带来信赖感，增强个人的亲和力，建立良好的人际关系。要成为彬彬有礼、风度翩翩、备受欢迎的人，首先就必须要注重个人的仪容仪表，养成良好的行为习惯，从而奠定成功人生的基础。

从企业层面看，个人的职业形象还代表着企业形象、产品形象、服务形象。每个员工都是企业的"代言人"。可以说，职业形象是一种服务，一种品牌，一种宣传。员工的形象决定着企业形象，通过完善个人形象，塑造并展示企业在社会上的总体形象，员工的礼仪和服务也能体现企业的经营管理水平。

情景故事

二、面部修饰

仪容主要是指人的容貌，包括头发、面部等。现代文明的发展，使得人们对仪容的重视愈显普遍。爱美之心，人皆有之。仪表堂堂、穿戴整齐者肯定比不修边幅、衣冠不整者会显得更体面，更有教养，更能受到人们的尊重。个人良好的仪容卫生，能够给人以端庄、稳重、大方的印象，既能体现自尊自爱，又能表示对他人的尊重与礼貌。所谓相由心生，仪容美是内在美、自然美、修饰美这三个方面的统一。好的仪容可以产生魅力，仪容是可以修饰、完善和自我塑造的。

商务人士在进行个人面部修饰时，首先应当遵守的规则是洁净、卫生、自然。洁净指的是在社交场合，个人务必要保持自己的面部干净、清爽。其次，要认真关注自己面容的健康卫生状况，防止由于个人不讲究卫生而使面部疙疙瘩瘩。一旦面部出现明显的过敏性症状，或是长出痤疮、红疹，务必及时去医院求治，切勿任其发展。另外，员工的面部修饰要讲究自然美观。员工应按其工作性质进行面部修饰，做到淡妆上岗。古有"三分相貌，七分打扮"之说，面容修饰是人整体装扮中的重要环节之一，也是商务沟通中不可缺少的物质条件。商务人员在商务往来中必须时刻保持神采奕奕的精神面貌。如果稍有懈怠，在客商面前无精打采、蓬头垢面，是有损企业形象的。

情景故事

（一）面部清洁

面部保养，以保健为本，清洁为先，化妆为要。护肤是美容的基础，做好护肤是美容化妆的先行条件。我们只有重视皮肤的护理，才能更好地发挥仪容化妆的改善作用。

洗脸是美化脸部的第一步，也是化妆的第一步，脸部清洁至少要保证每天两次。因为脸部全天暴露在外，经受着风吹日晒，特别容易被外界灰尘污染。脸部的五官也经常会有分泌物出现，必须及时清理。可以选择适合自己的洁面乳，洗的时候，首先可以用手进行有弧度地打圈按摩，以彻底清除脸上附着的灰尘，化妆后才不至于将其盖在下面，不然就容易长出小痘痘或斑来。然后拍上适量的化妆水、紧肤水，这样有助于毛孔收缩，再抹一层化妆底霜或者一般的日霜或隔离霜，防止肌肤干燥起皮。有条件的话每个星期可以进行一两次面膜护理，这样可以有效护理脸部。感觉劳累的时候，或者要出席一些重要活动，用面膜清洁，可以使自己容光焕发。

男士要养成每日剃须修面的好习惯。特别是喜欢蓄须的男士要慎重考虑工作岗位是否允许，部分岗位由于工作的特殊性已明文规定不能蓄须，那就必须忍痛割爱。还有一些男士习惯早上起床后清洁脸部，而忽略晚上洗脸。殊不知，晚上清洁脸部更为重要，可以让我们的脸部皮肤得到充分的休息与放松。

相对而言，女士比较注重美容，在保洁方面应更为强调。女士通常在白天大量使用化妆用品，加上工作的紧张和疲意，对脸部皮肤伤害比较大，如回到家后因过度疲劳懒得洗脸而倒头大睡，就会更伤皮肤。因此，女士再忙再累也千万不能忘记卸妆并认真清洁脸部。

除了早晚各一次的必要洗脸过程，建议在午睡后、用餐后、出汗后、体力劳动后、外出后，最好也都能及时洗脸。特别是油性皮肤的人，坚持早、中、晚三次洗脸将更有利于保持自己脸部皮肤的清洁度。洗脸时尽量用温水，轻搓轻揉，不要过于用力，达到按摩效果即可。尽量不要频繁使用含有磨砂颗粒的洗面奶洗脸，以免伤害皮肤。

（二）面部护理

日常的基本皮肤护理或美容也是必要的。首先需要了解皮肤的特点，然后针对皮肤特性选择适合的护肤用品，然后就可以进行常规的皮肤护理程序。一般而言，皮肤可以分为干性皮肤、中性皮肤和油性皮肤三种类型，需采用不同的方法加以护理和保养。

干性皮肤红白细嫩，发干，易起皱，易破损，容易过敏。对于这种皮肤，每天洗脸的时候，可以在水中加入少许蜂蜜，湿润整个面部，用手拍干。坚持此法一段时间，就能改善面部肌肤，使其光滑细腻。

中性皮肤比较润泽细嫩，对外界的刺激不太敏感。这种皮肤比较易于护理，可以在晚上用水洗脸后，再用热水捂脸片刻，然后轻轻抹干。

油性皮肤的肤色较深、毛孔粗大、油光满面，易生痤疮等皮脂性皮肤病，但适应性强，不易显皱。洗脸时可在热水中加入少许白醋，以便有效地去除皮肤上过多的皮脂、皮屑和尘埃，使皮肤富有光泽和弹性。

面部护理时可以先选用对皮肤刺激性小的卸妆用品，从眼部与唇部开始去除脸部化妆品；再用洗面奶进行脸部清洁，去除新陈代谢产生的老化物质、空气污染导致的残留物质等。通过卸妆及洗面去除污垢后，要用化妆水、乳液或面霜及时补充水分及营养，使皮肤恢复原来的状态。肌肤的特殊护理主要是通过按摩、敷面膜来提高新陈代谢、加强血液循环，保证皮肤的健康。

（三）面部化妆

化淡妆的基本步骤是：洗脸、打粉底、上眼影、修画眉形、打腮红、涂唇膏和补妆。职业女性的淡妆以自然为主，可以不用将化妆的每一步都操作。年轻的女性可以选用粉红色的色调，不但看起来更精神，也能塑造出自然的效果。可以不打粉底直接沿睫毛的底部涂上淡粉红色的眼影，轻轻涂匀整个眼睑。在双眼皮的位置涂上枣红色，眼梢位置让它微微上翘，使双眼更有神。在眼梢位置涂上深咖啡色的粉状眼线，使双眼显得又圆又大，粉状眼线比液体眼线或眼线笔的感觉更自然。在笑肌处抹上粉红色腮红，在嘴唇上涂上粉红色的唇膏。如果喜欢闪亮的感觉，涂唇膏后可加上一点透明的唇彩。

工作淡妆要选择接近肤色的腮红，呈现完全自然、若有若无的妆效。那种珠光闪亮的腮红效果，不适合商务女士使用。腮红一般可以打在笑肌上，扫腮红时一定要注意尽量对称，不然可能给人造成高低脸、大小脸的错觉。

为了避免妆容残缺，化妆后要经常检查，特别是在出汗、用餐、休息之后。如果发现妆面残缺，要及时补妆。补妆的时候，要回避别人，在没有人的角落或在洗手间里进行。由于补妆只是局部性修补，应该以补为主，只需要在妆容残缺的地方稍做弥补就可以。

Q 知识链接

此外，精神愉快是最好的美容保健方法。俗话说："笑一笑，十年少。"笑，是一种生理刺激反应，它能激发人体各个器官，尤其是激发头脑和内分泌系统活动。笑的时候，面部肌肉舒展活动，皮肤的新陈代谢加快，从而能促进血液循环，增强皮肤弹性。另外，合理的饮食是美容保健的根本，平日多吃水果蔬菜，多喝水，以保持足够的水分，防止皮肤粗糙干燥。此外，保证充足的睡眠是最好的美容良药，可以使面部看上去红润饱满。

（四）眉部的修饰

在一个人的面部，眉毛虽然不能像眼睛一样引人注目，但它绝非可有可无。眉形好，眉毛自然上扬，人也会显得精神一些。眉毛的形状、颜色和浓淡，都会影响着人的面部美感。比较理想的眉毛结构是眉头在内眼角上方偏里侧一些；眉峰的位置在眉梢至眉头的1/3处；眉梢的位置在眼尾至鼻翼外侧的斜线上。画眉毛要沿自然长势画，眉毛的中部、下沿重一些，眉毛的上部边沿、眉梢要稀一些。修眉前要先用小眉刷轻刷双眉，以除去粉剂及皮屑，然后将散眉拔掉，可以用化妆水拍打双眉及其周围的皮肤，收缩皮肤毛孔。再用小刷子轻刷双眉，让它们保持自然位置，必要时用眉笔修饰。一般修好眉形后，每隔两三天清除一下杂眉就可以。进行眉部修饰时，重点应当注意以下四个问题：

一是眉形的美观。眉形的美观与否，对任何人都很重要。但凡美观的眉形，不仅形态正常而优美，而且还应当又黑又浓。对于那些不够美观的眉形，诸如残眉、断眉、竖眉、"八字眉"，或是过淡、过稀的眉毛，必要时应采取措施，进行修饰。

二是眉毛的梳理。一定要牢记，拥有美观的眉形，需要平时认真梳理，务必要养成习惯，每天上班前在进行面部修饰时，要梳理一下自己的眉毛。

三是眉毛的清洁。在洗脸、化妆以及其他可能的情况下，都要特别留意一下自己的眉毛是否清洁。特别应当注意，要防止在自己的眉部出现诸如灰尘、异物等。

四是画出自然眉。用眉刷沾上眉粉在眉上轻轻扫，较淡的眉毛可以用眉笔在较淡的部位点画，再用眉刷扫开。眉粉也不可以一次性扫上，一点一点地将眉粉扫上才能让眉毛显得自然。

不管是男士还是女士，不少人的眉形都有一定的缺陷，比如眉毛稀疏、眉棱不清、眉毛残缺等。必要的时候，可对眉毛进行修剪或补描。一般来说，男士的眉毛尽量不要描画，女士可以描眉，但最好不要文眉。女士在修眉或描眉时，不要把眉毛修得过细或过粗、过短或过长、过弯或过直，也不要使之过于下垂或上挑。

（五）眼部的修饰

眼睛是心灵的窗户，眼部是为他人注意最多的地方。在进行眼部修饰前，首先要做好眼部的清洁，及时除去自己眼角不断出现的分泌物。特别要注意眼病的预防和治疗。如患有传染性的眼病，就应及时治疗、休息。

画眼一般只限于女士。如在正式场合露面，商界女士在画眼时，只需画眼线、涂眼影、涂睫毛膏。画眼线时，不宜过于浓重。清晰的眼线可以提亮眼神，还可以强调妆容的职业感。用黑色眼线笔从眼头开始描画，在眼尾微微拉长。

涂眼影时首先使用大眼影刷蘸点眼影，从眼角刷到眼梢，再反手往前、往上，刷匀整个眼睑位置。上眼影前一般须先轻甩几下眼影刷，以抖掉过量的眼影粉。然后沿着眼睛弧度，在眼皮皱褶弧线部位内，以同样的方式刷上适中的眼影色彩。最后，在眉骨处再次刷上淡色眼影，眼睛下方也加点亮色粉彩。目的是使整体眼妆更加立体，也让眼珠看起来更加明亮。涂抹眼影不管是用手指，还是用眼影刷，都要逐次蘸少量眼影加深色调为佳，以免一下子涂得过量。尽量贴近睫毛，不要留有空隙，不然看起来会很不自然。使用两色或两色以上的眼影，颜色可以重叠起来，晕染到眉骨下方让轮廓更加突出。涂眼影时，切勿过量使用彩色眼影；以最容易展现出色泽感的珠光银色眼影为重点，用中号眼影刷刷在上下眼睑，清爽的色彩利用清晰的眼线来突显，表现东方人清爽干练的职业感。

涂睫毛膏时，也不要过量使用，避免睫毛相黏。一般建议使用黑色的睫毛膏，其他任何颜色都可能让人感觉失礼并且妆容怪异。一般可先用咖啡色眼线代替膏状眼影涂在眼睑、鼻子旁及面颊等需要产生阴影即凹陷效果之处，然后用手指涂匀，再用黑色眼线笔画出清晰的眼线，最后用卷睫毛器卷好睫毛，涂上睫毛膏。眼影的一般描法是从眼角开始一点点地在眼睑到眉毛间涂上颜色合适的眼影。颜色过于浓艳的眼影不适宜在办公的氛围中使用。

如果需要在工作岗位上佩戴眼镜，应特别注意：一是要注意眼镜的选择。眼镜的款式应简洁大方，适合工作场景。二是要注意眼镜的清洁。坚持每天擦拭眼镜，如有必要，还需定期对镜架进行清洗。三是要注意墨镜的戴法。墨镜主要适合人们在室外活动时佩戴，在室内工作时如果佩戴墨镜，是不合适的。

（六）鼻部的修饰

商务人士在对自己的鼻部进行修饰时，重点关注切勿当众以手擤鼻涕、挖鼻孔、乱弹或乱抹鼻垢。若有必要去除鼻涕，宜在无人在场时进行，以手帕或纸巾进行辅助，切记尽量不要发出声音。鼻部的周围，往往毛孔较为粗大。如果出现鼻部"黑头"应及时清理，切勿乱挤乱抠造成局部感染，可以到医院或美容院请专业人士清除或用专门的"鼻贴"等进行清除。当鼻毛长到一定的程度时，可能会冒出鼻孔之外。一旦发现其超长，应及时对其进行修剪，千万不要当众用手去揪拔自己的鼻毛。

（七）口部的修饰

商界人士要注意常刷牙、勤漱口，坚持每天早晚刷牙，清除口腔异味，维护口腔卫生。工作期间还要注意随时留意观察，及时清除牙齿间的残留物，防止给来访者留下不良印象。最好每次用餐后都能及时刷牙，如果条件不允许，简单地用水漱口应是餐后的必要程序。

刷牙。一个人若是口腔不够洁净，便会产生口臭。要做好口腔卫生，防止产生口腔异味，最好的办法就是每天认真刷牙。在刷牙时要做到"三个三"，即每天刷三次牙，每次刷牙宜在餐后三分钟进行，每次刷牙的时间不应少于三分钟。

洗牙。维护牙齿，除了要做到无异物、无异味之外，还要注意保持洁白，及时去除有碍于口腔卫生的牙结石，建议成人每半年左右洗牙一次。

另外，在工作时，为了防止自己的口中因为饮食方面的原因而产生异味，建议用餐时最好不吃带刺激性气味的食物，如葱、蒜、韭菜等。此外，平时尽量少抽烟，少喝或不喝浓茶，尽量避免牙齿发黑、发黄。最好随身携带口香糖，以备不时之需。但需要注意的是，不能当着他人的面嚼口香糖，特别是在正式的商务或社交场合，边嚼口香糖，边与人交谈，是不礼貌的行为。

俗话说："眼取其神，唇取其色。"美丽的朱唇是女性风采和个性魅力的突出体现。可以选一些能让皮肤和牙齿看起来白一些、眼睛亮一些的唇膏。一般可以先画唇形再涂唇膏，建议先用唇线笔描好理想的唇形，唇线笔的颜色要略深或与口红的颜色相似。描唇形的时候，嘴要自然放松微微张开，先描上唇，后描下唇。描上唇要从左右两侧分别沿着唇部的轮廓线向中间画。完美的嘴唇要对称，唇线笔要描好后再涂唇膏，涂的时候不要超出先前画好的唇形，最后用纸巾擦去多余的唇膏，并检查一下牙齿上有没有沾上唇膏。

女性商务人员的工作妆也可以选择简洁画法，即将口红点在上下唇中央部位，然后再轻轻抿开。男士可使用无色唇膏或润唇膏，以保持嘴唇的丰满。此外，妆容要有始有终，工作之中要努力维护妆容的完整性。对于用唇膏、眼影、腮红等化妆品修饰过的妆面，要时常检查，这些用品也要尽量常备身边，有需要时及时补妆，避免发生妆面深浅不一、残缺不堪的状况。

另外，男性员工，若无特殊情况，一定要坚持每日上班之前剃须，切忌胡子拉碴地在工作岗位上抛头露面。女性员工，若面部或其他部分有明显外露的体毛，也应及时处理。

案例讨论

（八）手部的修饰

手也是能显露人体高雅的重要部位，一位法国美容专家曾说："手是女人的身份证明。"也有人形容"手是女人的第二张脸"，这些说法都说明了手对人的形象的重要作用。在交际活动中，手占有重要的位置。接待客人时，我们通常以握手的礼节来表示对客人的欢迎，然后再伸出手递送名片等，客人总是先接触到我们的手，手就是与客人交往过程中的第一印象。通过观察手部，可以基本判断出一个人的修养与卫生习惯，甚至判断出其对生活的态度。手的清洁与一个人的整体形象密切相连，应当引起足够的重视。因此，作为商务人士，手要清洗干净，指甲要经常修剪、洗刷，避免指甲缝内有污垢；指甲长度要适当，不可留长指甲，也不可涂有色的指甲油。另外，在公众场合修剪指甲，是不文明、不雅观的举止。

三、发型选择

仪容美是内在美、自然美和修饰美这三个方面的高度统一。三者之间，因为仪容的修饰美是最可以直接实现的，所以成了人们关注的重点。仪容的修饰主要包括头部修饰和面部化妆两个方面。发型是仪容极为重要的部分，所谓"完美形象，从头开始"。

（一）头发的护理

头发清洁卫生是整洁仪容最基本、最初始的形象，能够反映出一个人的道德修养、审美水平、知识水平、经济水平等。人们可以通过发型来初步判断一个人的职业、身份、受教育程度、生活状况、卫生习惯等。头发整洁、发型得体是美发的最基本要求，整洁得体大方的发型可以给人留下神清气爽的美感，因此，无论男女都需要重视对自己头发的清洁护理，再根据自己的形体、气质、身份来选择适当的发型，扬长避短地充分展现自己美的风采。所谓头发的养护，"养"指的是头发的营养，"护"指的是头发的保护。"护"是治表之法，"养"则重以治本，真正要养护好头发，关键还是要从营养的调理与补充等方面着手。

商务场合中，男士特别要注意头发保持清洁，发型选择有品位，显示出稳重、儒雅的风度。平时定期清洗头发，以保持清洁，避免头屑满天飞。要勤理，长度适中，适合自己的身份。男士的头发一般宜短不宜长，除了艺人、创作者外，男士头发的规范长度要求是：前不遮眼，左右不盖耳，后不及衣领。对于商务人士来说，头发是不应该染色的（白色染成黑色的除外）。男女发型的统一审美标准就是干净整洁，并且要经常注意修饰、修理，头发不应该过长。

（二）脸型与发型

发型选择的基本规则是整洁、美观、大方、得体。作为商务人员，一般不建议烫发，如果染发，也不要选择过于艳丽的颜色，一般建议把局部头发染成跟黑色接近的颜色，如棕色、栗色等。发型不宜夸张、另类，如爆炸式发型、大卷式发型等。额头的刘海也要短一些，不能遮住眼睛，以显得有精神。女性在商务场合最规范的发型是盘发、束发，适当的披肩发也可以，但在工作的时候不允许经常用手摆弄头发。

脸形与发型是否匹配关系到发型整体是否美观和谐。人的脸形大体可分为椭圆形、圆形、长方形、方形、正三角形、倒三角形等。

1.椭圆形脸

椭圆形脸俗称鸭蛋脸。对于东方人来说，椭圆形是最标准的脸形，适合所有的发型。

2.圆形脸

圆形脸面颊比较丰满，额部和下巴圆润，适合较多的发型。圆形脸的人，不适合选择过齐过长的齐刘海。圆形脸的造型重点，是增加发型外轮廓的高度，抑制发型两边的宽度，做出整体拉高、拉长的视觉印象。因此，圆形脸的人比较适合选择头顶蓬松、两边适度收紧造型的发式。可以选择短刘海或斜刘海，运用视觉效果来拉长脸形。或者选择将头顶部的头发梳高，避免遮挡额头，两侧头发适当遮住两颊。

3. 长方形脸

长方形脸前额发际线较高，下巴较大且尖，脸庞较长。长方形脸的人，脸部线条一般较直，面部常常给人消瘦的感觉，男士看上去会有比较硬朗的印象。这种脸形与标准脸形相比，长度过长，宽度不足。长方形脸的人在选择发型时，应避免把脸部全部露出的发式，可以选择厚重的齐刘海，用于修饰脸形，尽量加大两侧头发的蓬松感，以使脸部丰满起来。长方形脸一般不太适合长直发的发式，那样会加强本来就过硬、过直的面部线条。长方形脸的人比较适合选择带有大波浪和曲线卷度的发式，对于女士来说，蓬松的整体轮廓和弯曲的线条，可以冲淡过硬的面部印象，增加成熟优雅的感觉。

4. 方形脸

方形脸有较阔的前额与方形的腮部，比较缺乏柔和感，面部棱角明显。方形脸整体上长度不足，额部和下颌部的棱角较为突出。发型的重点在于拉高整体轮廓的高度，修饰面部的棱角，使其变得柔和，整体的线条和轮廓适合偏圆的、偏椭圆的、曲线形的线条，可以选择带有内轮廓修饰作用的刘海和柔和的脸际线条来修饰。

5. 正三角形脸

正三角形脸形似梨形，又称梨形脸，特点是头顶及额部较窄，下颚部较宽。这种脸形的头顶显得比较窄，修饰的重点是增加上部的宽度，收窄和淡化下颌部的宽度印象。正三角形脸的额头，通常可以选择有层次的、齐眉或略在眉毛以上的刘海，可以选择有修饰脸际下颌部作用的线条，收窄面部。

6. 倒三角形脸

倒三角形脸上宽下窄，像个心形，又称心形脸。这种脸形的下颌部较尖，应增加这部分的宽度，相对于柔弱的下巴，上半部会显得较宽，不适合选择顶部过于蓬松宽大的发型。无论长发发型还是短发发型，都以抑制上半部的宽度和增宽、蓬松下半部分的发量。

（三）体型与发型

发型的选择要与体型相协调。发型的选择是否恰到好处，将会对体型的整体美感产生较大影响。一般建议瘦高者留长发，矮胖者留短发。

身材高大的女性，可以留简单的短发，不要留复杂花式的发型，烫发的时候，要烫大卷，不要烫小卷。体型为高高瘦瘦的女性，适合留长发，并且加一些装饰性的发饰，这样会增加亲和力。高瘦的女性并不适宜将头发剪得太短。身材比较娇小的女性，适合短发或者盘发，露出脖子，尽量让身材显得高大一些，不适宜留长发或者太蓬松的发型。身材肥胖者，可以留淡雅舒展的马尾或者编辫子，注意最好将头发全部向上方梳，形成较瘦的视觉效果。

男士发型一般可以选择寸头，显得比较精神，但是身材偏胖的男士选择寸头可能会显得更胖，可以将头发稍微烫一下，蓬松上半部分。身材高大健壮的男士，建议选择大方、健康洒脱的定型发式，比如中分发型或者三七分发型，会给人一种很有能力的感觉。

（四）年龄与发型

发型是一个人文化修养、社会地位、精神状态的集中反映。通常年长者较适合短发或盘发，能给人以精神饱满，温婉可亲之感。年轻者一般适合偏活泼、粗放、简洁的发型，能给人以一种清新、自然的感觉。

同步自测

第二节　目光语与微笑语

微笑是人类生活中最为常见的一种表示友好的表情，是人类美化情感的自然流露。微笑是人们心情愉悦的一种自然反映，通过双唇轻启、嘴角上扬、面部肌肉自然上推后展现出一种"情绪语言"。它是全世界通用的一种表示友好的面部语言，也是人际交往中最基本、最常用的一种面部语言。

一、目光语

眼睛被人们称为心灵的窗户，这是因为心灵深处的奥秘都会自然而然地从眼神中流露出来。目光语的表现力是极强的，也是其他面部表情无法比拟的。人们可以从一个人的眼神中读懂他的喜、怒、哀、乐，了解其内心世界。

（一）目光语原则

一双炯炯有神的眼睛，给人以感情充沛、生机勃发的感觉；目光呆滞麻木，则使人产生疲惫、厌倦的印象。目光语往往可以表现人们的思想情感和心理活动变化，有时所表达的信息比语言还要丰富。在商务场合，目光语基本应遵循以下原则。

1.真诚原则

人与人的交往，首先要做到以诚相待，真诚的眼神能够给人以一种表里如一、信守承诺的印象，在此基础上的交往洽谈才能达到事半功倍的效果。

2.友好原则

所谓相由心生，要了解对方是否善良、友好，往往从眼神中就可以获取丰富信息。因此，在商务洽谈过程中，应秉持与人为善的原则，不急不躁，积极营造友好氛围。

3.谦恭原则

无论面对何种规模、何种实力的洽谈对象，都不能过于轻视傲慢，而应始终坚持平等合作，做到与人恭敬，与己谦和。

（二）目光语规范

目光语是在人际交往中通过视线接触传递信息。人们信息之间的交流往往以目光交流为起点。交流过程中，不断地运用目光去表达自己的意愿、情感，同时也会适当地观察对方的目光。交流结束时，往往也会用目光作为一个圆满的结束。因此，在各种礼仪形式中，目光的交流总是处于重要地位，目光运用得当与否，直接影响礼仪水准。

商务场合不管是熟人还是初次见面的生人，在向对方问候、致意、道别时，都要面带微笑，同时用柔和的目光去注视对方，以示尊敬和礼貌。用目光注视对方时，应自然、稳重、柔和，不能紧盯住对方某一部位，也不能不停地在对方身上"扫描"。

针对不同场合和不同对象，应运用不同的目光语。例如，见面时，无论是见到熟悉的人，还是初次见面的人，无论是偶然见面，还是约定见面，首先都需要以短暂的目光正视对方片刻，面带微笑，从而表达喜悦、热情、乐意见面的心情。对于初次见面的人，头部应微微一点，行注目礼，表示出尊敬和礼貌。在集体场合，开始发言讲话时，要用目光扫视全场，表示希望引起全场注意。

在与他人交谈过程中，应当不断地通过各种目光语与对方交流，随时调整洽谈气氛。例如，在交谈过程中，始终保持目光的正面接触，表示对话题很感兴趣；如果对方长时间回避目光，左顾右盼，则是对话题不感兴趣的暗示。需要注意的是，交流过程中的注视，绝不是紧紧地盯住对方的眼睛，直接逼视的目光是非常失礼的，也会使对方感到尴尬。正确的目光语应当是自始至终地正面注视，但目光应自然、柔和，正视对方面部，辅以真挚、热诚的微笑。在交谈过程中，随着话题内容的变换，可以做出及时恰当的反应，用目光流露出理解、肯定、有兴趣等不同含义，使整个交谈过程融洽、和谐。交谈或会见结束时，目光可以自然抬起，表示谈话即将结束。

在商务活动中，眼神的注视范围有特定的要求，一般可以注视对方的额头、眼睛、鼻子、嘴唇等部位，但不能注视对方的头顶、胸部、腹部、臀部、大腿或脚部和手部。如果对方是异性，尤其要避免注视这些"禁区"，否则就会引起对方强烈的反感。一般与对方目光接触的时间占和对方相处的总时间的三分之一比较好，每次看别人的眼睛三秒左右，这样才会让人感觉自然。

🔲 知识链接

（三）注视的含义

一般而言，人们相互之间注视的时间、角度、方式的不同，都会表达出不同的态度和意义。一般注视对方的时间占到全部相处时间的三分之一及以上，即表示友好；注视对方的时间不到四分之一时，就表现出不重视或轻视；当表示非常重视时，注视的比重就会达到三分之二左右。注视的方式不同，所表达出来的感情和含义就会有所不同。正确地运用目光语，关键是把握好自己的内心感情，只有角度、时间把握得当，目光语才能很好地发挥作用。

目光的表现力很丰富，也常受感情因素制约。需要根据交往中活动内容的不同进行调整。就商务场合来说，目光凝视区域主要有两种：一种是公务凝视区域；一种是社交凝视区域。

公务凝视是在洽谈业务、贸易谈判或磋商问题时所使用的一种凝视。其凝视区域主要是以两眼为底线、额中为顶角形成的一个三角区。洽谈业务的时候，如果看着对方这个区域，就会显得严肃认真，较有诚意；在交谈时如果目光总是落在这个凝视区域，就较能把握住谈话的主动权和控制权。

社交凝视区域是以两眼为上线、唇部为下顶点所形成的倒三角形区域，通常在一般的商务交往时使用这种凝视。和人谈话时注视着对方的这个部位，就能给人一种平等而轻松的感觉，可以创造出一种良好的社交气氛，像一些茶话会、舞会和各种友谊聚会的场合，就可以采用这种凝视。

在商务活动中，眼神的注视角度也表达出不同的态度。例如，当人们出于尊重或敬仰的态度时，就会主动抬眼注视对方；当表达平等友好时，就会采用平视的角度；当眼神向下时一般会流露出轻视或是对晚辈的一种宽容和怜爱。如果面对面交谈时，一般都切忌斜视或瞟视，以免让别人有一种被冒犯的感觉。

（四）目光语的理解

在正确运用自己目光语言的同时，还应当学会"阅读"对方目光语言的方法。从对方的目光变化中，分析他的内心活动和意向。一般直视表示认真、尊重；凝视表示认真、感兴趣；目光游离表示走神、疲惫、胆怯、失落等；环视表示一视同仁，愿意和各位广泛交流。随着交谈内容的变化，目光和表情和谐地统一，表示很感兴趣，思想专注，谈兴正浓。如果对方的目光长时间地游移不定，则表示对交谈内容不感兴趣，希望尽快结束。如果在交谈过程中，目光紧盯对方，表示存在疑虑；瞪大眼睛，表示惊叹。总之，目光语千变万化的，但终究是内心情感的真实流露。学会阅读与分析目光语言，对于正确处理商务活动中的各类情况有着重要意义。

和对方交谈的时候，注视对方时间的长短，是十分重要的。双方交谈中听的一方通常应该多注视说的一方。要经常保持双方目光的接触，长时间回避对方目光或是左顾右盼，是不感兴趣的表现。但如果一直用直勾勾的目光盯着对方，也是非常失礼的。要随着话题内容的变换，采用及时恰当的目光反应，使整个交谈融洽、和谐。当双方都沉默不语的时候，应该将目光移开，以免因为一时没有话题而感到尴尬或是不安；当别人说错话或拘谨的时候，不要正视对方，以免对方误会。

在商务谈判中，还可以用自然的目光与对方对视，这是吸引交往对象注意力的一个好办法。特别是在介绍本公司和项目的时候，额头舒展，眼神放光，能让谈判对象产生信任感，也有利于顺利开展工作。

Q 课外拓展

二、微笑语

美丽的要素，就是微笑、微笑、微笑，微笑如同一把万能的钥匙，不仅能够开启人们封闭的心灵，更能开启职业生涯中的成功之门。"微笑的样子"是众多成功职场人士的典型形象，真正的微笑应发自内心，渗透着自己的情感，自然、纯真、友善，表里如一，真诚的微笑是商务交往中最有效的润滑剂，也最具有感染力。有句谚语说得好：微笑是两个人之间最短的距离。微笑是自尊和自信力的表现，更是教养和人格的提升，是走向成功的通行证！

（一）微笑的作用

微笑表现真诚友善。善良友好，待人真心实意，使人在与其交往中自然放松，不知不觉地缩短了心理距离。也有人说，微笑是最好的美容手段。面孔就是凝固的表情，一张经常微笑的面孔，时间长了就凝固成一张善良温和的面孔；反之，如果时常发愁、发怒，时间长了就会凝固成一张让人见了就想避开的面孔。

1.微笑能够传递情感并增强信任

微笑能传递情感，增加信任，建立良好的交往关系。微笑是人类传达感情最好的方式，是人际交往中最基本、最常用的礼仪，贯穿于各种礼仪活动过程中。在人与人交往时，通过微笑来彼此表达出友好

👤 视频学习

和敬意，通过微笑与交往对象建立起友好的沟通渠道和良好的交往关系。当与人见面握手时，如果伴以亲和的微笑能够增加信任，放松气氛，瞬间拉近彼此距离。微笑能够表现出善意、尊重和友好，在各种场合恰当地运用微笑，可以起到传递情感、沟通心灵、征服对方的积极心理效应。

2. 微笑能给人以良好的第一印象

第一印象又称首因效应，是指人们第一次与人接触时会留下深刻的印象。心理学研究表明，与一个人初次见面45秒内就能产生第一印象。这种先入为主的第一印象是人类普遍的主观性倾向，会直接影响以后的一系列行为。第一印象作用最强，持续的时间也最长，对于后续的行为和发展会产生较强的作用。那么，相见在最初的几十秒内能做什么？最重要的，也就是简单地微笑，通过微笑给人留下良好的第一印象。有一首古老的歌曲唱道："When you are smiling, the whole world smiles with you."（当你微笑的时候，整个世界都和你一起微笑）微笑对身体健康也有好处。不必等到高兴的时候才微笑，可以用微笑使自己很快地高兴起来。因为微笑时用到的脸部肌肉同时也将控制脸颊部位的腺体。当人们微笑的时候，这些腺体会产生各种化学物质，使人感到愉悦。长期微笑，可以使人始终处于一种轻松愉悦的状态，有助于思维活跃，增加创造力，从而创造性地解决各类问题。

👤 情景故事

3. 微笑可以化解矛盾

微笑是友善、和蔼、谦恭、融洽、真诚等美好感情的表示。微笑能沟通心灵，给人以温和亲切之感，可以消除陌生人初次见面时的拘束感。面对不同的场合、不同的情况，如果能用微笑来接纳对方，可以反映其高超的修养、待人的至诚。微笑温馨而亲切，能有效地缩短人与人之间的距离，给对方留下美好的心理感受，是最值得提倡和最积极的表情。微笑是一种魅力，它可以使强硬者变温柔，使困难变容易，成为人际交往中的润滑剂，是广交朋友、化解矛盾的有效手段，也是企业家、外交官最常见的交往工具。即使双方之间有再深的矛盾，当人们面对微笑时，怒火总会不知不觉地被压下去。因此，微笑就像温暖的春风，可以化解严冬的冰冻，从而有效地化解各类交往矛盾。

4. 微笑可以激发热情并提升经济效益

微笑总是传递这样的信息："见到你我很高兴，我愿意为你效劳。"微笑不需要投资，但微笑的价值是无限的，微笑可以增加利润，更能创造成功和奇迹。尤其在一些服务行业，微笑能够产生巨大的经济效益。例如，全球知名的美国希尔顿酒店，其成功的秘诀就是"经营微笑"。希尔顿酒店创始人、董事长康纳·希尔顿50多年里，不断地到设在世界各地的希尔顿酒店视察，视察中他经常问下级的一句话就是："你今天对客人微笑了没有？"他确信，微笑将有助于希尔顿酒店在世界范围内的发展，他要求员工记住一个信条："无论酒店本身遭到困难如何，希尔顿酒店服务员脸上的微笑永远是属于顾客的阳光。"

微笑可以激发员工的工作热情，为客户提供周到的服务。在工作岗位上保持微笑，说明其热爱本职工作，乐于恪尽职守，可以创造一种和谐融洽的工作氛围，让交往对象倍感愉快和温暖。诚招天下客，客从笑中来。微笑既能使顾客的需求得到最大限度的满足，同时也能给工作人员自身带来热情、主动、自信等良好的情绪氛围，对其身心健康有利，心情愉快，工作效率也就随之提高。

（二）微笑的标准

1. 眼神

微笑时眼睛应该礼貌正视对方，目光保持友善，眼神柔和亲切，情感自然流露。眼睛的笑容既要做到"眼形笑"，还要做到"眼神笑"，如果在微笑时，眼部没有笑形和笑神，就会令人感觉是"皮笑肉不笑"。不应该将目光集中聚集在对方脸上的某个部位，而是要用眼神注视其脸部三角区域，即以双眼为上限，嘴角为下限，散发精神饱满、神采奕奕的眼神，再辅之以微笑和蔼的面部表情。交流过程中，眼神应有自然交流，主动迎着对方的眼神进行目光交流。

微笑时的眼神还要注意眼神的聚焦点和停留时间。如果和对方距离在50厘米以内，视线就会落在眼睛上，这是一个表示比较亲切友好的距离。目光相视，是认可对方的一个表现，同时也是自我展示。初次和对方的目光相遇时，不要马上移开，可以做短暂一两秒的停留，这种确认的感觉是非常重要的，否则很难把笑容传达给对方。在和对方交谈过程中，如果对方有内容上的停顿，就可以做相应的目光接触，有节奏地调整呼吸，保持一边听一边点头附和，这就能在听的一方和说的一方之间产生一种良性互动。

2. 面部

微笑应发自内心、自然、大方、亲切，由眼神、眉毛、嘴巴、表情等方面协调动作来完成，防止生硬、虚伪、笑不由衷，必要时可进行相应训练。例如，可以咬住一次性筷子进行练习，保持唇形对称。或者念"茄子""钱""田七"等相关的字、词，对着镜子寻找最佳的微笑幅度。

微笑时，面部表情应做到和蔼可亲，真诚甜美。中国人传统的习惯是笑不露齿，但有时过于紧闭嘴唇，反而会让人感觉过于生硬。微笑是一种个性化的表情，每个人都有各自的生理和心理特点，展现出的美丽笑容也有所不同。例如，有的人开朗热情，笑的时候露出一排漂亮的牙齿；有的人成熟大方，伴随着微笑自然露出六到八颗牙齿，嘴角微微上翘；也有的人内向含蓄，微笑时轻轻抿起嘴唇。总之，微笑是打开心扉的信号，笑容的基本形态就是嘴角向上，避免"八字形"。如果牙齿整齐洁白，可以不受"笑不露齿"的限制，可以大方微笑，使表情更为灵动，给人以积极、乐观的印象。

3. 语言

微笑是"因喜悦而开颜"，其实是脸部肌肉和语言、声音配合的结果，说话的表情往往和说话的内容会保持一致。一般微笑时，我们也会搭配着说"早上好""您好""欢迎""很高兴见到您"等礼貌用语，不能光笑不说话，也不能光说话不微笑。

从礼仪的角度要求，无论在何种情况下，与他人交谈时，面部表情都应该自然亲切，展现甜蜜的微笑。双方传递信息时，声音要清晰柔和，细腻圆滑，语速恰当，富有甜美悦耳的感染力。语调应平和，语音厚重、温和，特别要控制音量，高低适中，既能让对方听得清楚，又不能过响。说话时态度诚恳，语句流畅，语气不卑不亢。需要注意的是，虽然每个人都有各自的喜怒哀乐，但即使有时心情不好，也不应该把不快的表情挂在脸上，愁容满面只会把问题变得更糟。即使在谈判时遇到困难，只要坚持用发自内心的微笑去面对，问题也会迎刃而解。

4. 体态

微笑时我们需要与正确的身体语言、礼仪动作相结合，才能相得益彰，给人以最佳印象，防止生硬、虚伪、笑不由衷。微笑时，第一步，进行伸展准备，放松脸部和手部。先用力拉伸，接着在伸展的状态下做面部的缩放运动，同时做手部动作，在向后转肩的同时放下手腕。第二步，调整呼吸。在开始时以相同的节奏进行30秒。逐渐将意识集中在呼气上，从鼻子中深深吸气，轻轻地闭上眼睛，再慢慢深长地从嘴中吐出。第三步，呼吸调整后，准备相应的礼仪动作。在吐气的时候，一边身体前倾，一边把手掌伸到体前，做"张开手掌向上"等准备姿势，配合呼吸平和地说出礼貌用语"这边请""欢迎光临"等。

Q 知识链接

第三节　女士服饰礼仪

仪表是指一个人的外表，仪表的重点在于着装。服饰在他人心中产生影响并进一步影响相互关系，服饰也就有了礼仪的性质和功能。着装是一种无声的语言，它显示着一个人的个性、身份、角色、涵养、阅历及其心理状态等多种信息。在商务交往中，虽然着装上越来越有简约、个性的趋向，但从国际惯例和商务场合的特性来看，还是要遵循一定的规范。要在着装时达到得体、和谐的整体视觉效果，提升自己的商务形象，就必须掌握商务着装的原则、方法和禁忌。

一、着装的主要原则

得体的服饰是一种礼貌，从一定意义上讲，人们的服饰一直被视作传递人的思想、情感等文化心理的"非语言信息"。特别是在与人初次相识时，由于双方不了解，服饰在人们心目中占有很大分量。第一印象来自初次见面时的最初 45 秒。在这 45 秒中，对方得到的印象基本是由仪表所传递的，而服装占据了仪表的 80%。英国作家莎士比亚曾指出："一个人的穿着打扮，就是他的教养、品位、地位的最真实的写照。"

商界女士在服装方面有较多的选择，"云想衣裳花想容"，相对于偏于稳重单调的男士着装，女士的着装则亮丽丰富得多。服饰，不仅是一种没有生命的遮羞布，更是一种社会工具，它向社会中的其他成员传达出信息，因此，穿衣是影响"形象工程"的大事。得体的穿着，不仅可以使女士显得更加美丽，还可以体现出一个现代文明人良好的修养和独特的品位。

（一）整洁原则

整洁，即整齐、清洁。衣服不能沾有污渍，不能有绽线的地方，更不能有破洞，扣子等配件应齐全。衣领和袖口处尤其要注意整洁，不允许有褶皱、残破、补丁、污渍。着装整齐、整洁、合身完好，是体现仪表美的必然要求。

（二）协调原则

着装应当基于整体的考虑和精心的搭配，相互呼应、配合，恪守服装本身约定的搭配。服饰的整体美构成，包括人的形体、内在气质和服饰的款式、色彩、质地、工艺及着装环境等，服饰美就是从这多种因素的和谐统一中显现出来的。

（三）TPO 原则

着装不是简单地等同于穿衣，它是着装人基于自身的阅历修养、审美情趣、身材特点，根据不同的时间、场合、目的，力所能及地对所穿的服装进行精心的选择、搭配和组合。体现着一个人的文化修养和审美情趣，是一个人的身份、气质、内在素质的无言的介绍信。女士着装应遵循着装的 TPO 原则，这是世界通行的着装打扮的最基本原则，也有人称它为"魔力原则"。TPO 是英文中 time、place、object 三个单词的英语字母缩写。"T"代表时间，泛指早晚、季节、时令、时代等；"P"代表地方、场合、位置；"O"代表目的、目标、对象。TPO着装原则要求服饰应力求和谐，以和谐为美。着装要与时间、季节相吻合，符合时令；要与所处场合、环境，与不同国家、区域、民族的不同习俗相吻合；符合自己的身份；要根据不同的交往目的、交往对象选择服饰，从而给人留下良好的印象。例如，不同时段的着装规则对女士尤其重要。白天时，女士应穿着正式套装，以体现专业性；晚上出席鸡尾酒会时就需多加一些修饰，戴上有光泽的配饰，围一条漂亮的丝巾等。服装的选择还要适合季节特点，保持与潮流大趋势同步。衣着要与场合协调，与宾客会谈、参加正式会议等，衣着应庄重考究；听音乐会或看芭蕾舞，应按惯例穿正装；出席正式宴会，应穿中国的传统旗袍或西方的长裙晚礼服；在朋友聚会、郊游等场合，着装应休闲舒适。外出时要顺应当地的传统和风俗习惯，如去教堂或寺庙等场所，不能穿过露或过短的服装。

情景故事

（四）个性化原则

个性化原则要求着装适应自身形体、年龄、职业的特点，扬长避短，并在此基础上创造和保持自己独有的风格，即在不违反礼仪规范的前提下，在某些方面可体现与众不同的个性，切勿盲目追逐时髦。

二、着装的色彩搭配

视频学习

服饰是一种无声的语言，是一种重要的体态信号，它展示着人的内在精神风貌和生活情趣。其色彩更彰显人的形象和风度，色彩对他人的刺激最快速，最强烈，最深刻，它是不同场合中体现服饰礼仪规范的最直接的一道风景，在很大程度上也是服装穿着成败的关键所在。

（一）色彩搭配的方法

服装色彩搭配是一门艺术，其美丽的真谛在于"和谐"，服饰色彩在统一的基础上应寻求变化，肤与服、服与饰、饰与饰之间在变化的基础上应寻求平衡，做到色调和谐，层次分明。只有恰当的色彩组合才会合乎礼仪规范，并创造出美。服装色彩搭配相当，可使人显得端庄优雅、风姿绰约；如果搭配不当，则使人显得不伦不类、俗不可耐。服装色彩搭配的方法主要有三种：

视频学习

同色调相配：这是一种简便易行的配色方法，即把同一色相、明度接近的色彩搭配起来。如深红与浅红、深灰与浅灰等。这样搭配的上下衣，可以产生一种和谐、自然的色彩美。

邻近色相配：把色谱上相近的色彩搭配起来，易收到调和的效果。

如红色与黄色、橙色与黄色、蓝色与绿色等相互配合。这样搭配时，两个颜色的明度与纯度最好错开。

主色调相配：这是常用的配色方法。以一种主色调为基础色，再配上一二种或几种次要色，使整个服饰的色彩主次分明、相得益彰。

全身着装颜色搭配最好不超过三种颜色，灰、黑、白三种颜色在服装配色中占有重要位置，几乎可以和任何颜色相配并且都很合适，我们一般也称之为"安全色"，易于搭配。

（二）不同色彩的喻义

人们在穿着服装时，在色彩的选择上既要考虑个性、爱好、季节，又要兼顾他人的观感和所处的场合。所以明代卫泳在《缘饰》中说"春服宜清，夏服宜爽，秋服宜雅，冬服宜艳；见客宜重装；远行宜淡服；花下宜素服；对雪宜丽服"。古人对服饰的讲究的确值得我们借鉴。以下是不同色彩代表的意义。

黑色，象征神秘、悲哀、刚强、冷峻；

白色，象征纯洁、明亮、朴素、神圣；

黄色，象征庄严、明丽、希望、权威；

大红，象征活力、热烈、激情、喜庆；

粉色，象征柔和、温馨、温情、浪漫；

紫色，象征谦和、平静、沉稳、亲切；

绿色，象征生命、新鲜、青春、朝气；

浅蓝，象征纯洁、清爽、文静、梦幻；

深蓝，象征自信、沉静、平静、深邃；

灰色，象征中立、和气、文雅、高贵。

视频学习

三、西装套裙的搭配原则

西装套裙是女性商务人士出席一些正式场合的首选服装。它是一种上身为一件女士西装，下身为一条半截式裙子的组合。职业套装是白领丽人的最佳伴侣。设计师的精心设计使套装大多优雅、干练又不失女性的柔美。而且，特殊的设计目的也保证了服装的礼仪正规性。穿着得体，不仅会使穿着者看起来干练而成熟，还能衬托出女性自身独特的韵味。

商界女士在正式场合要想显得衣着不俗，不仅要注意选择一身符合常规要求的套裙，更要注意的是，套裙的穿着一定要标准。在穿着套裙时，套裙的具体穿着与搭配的方法多有讲究。

（一）西装套裙的面料

西装套裙所选用的面料质地应当上乘。上衣与裙子应使用同一种面料，颜色上尽量与穿着者肤色相协调，使套裙与穿着者浑然一体，显得清新高雅、美观大方。除了薄花呢、人字呢、法兰绒等纯毛面料外，也可选择高档的丝绸、亚麻、府绸、麻纱、毛涤面料来制作西装套裙。应当注意的是，用来制作西装套裙的面料要匀称、平整、滑润光洁、丰厚、柔软、挺括、富有弹性，而且不易起皱。需要特别注意的是，商务女士一般不建议在正式场合穿真皮或仿皮的套裙，特别是黑色皮裙。

（二）西装套裙的色彩

西装套裙的色彩应当淡雅、清新、庄重，不宜选择过于鲜亮、"扎眼"的色彩。标准的西装套裙的色彩，应当与具体的工作环境比较容易协调在一起，比如藏蓝、炭黑、烟灰、雪青、黄褐、茶褐、蓝灰等较冷的色调，都是较为理想的选择。西装套裙的色彩一般以冷色调为主，体现着装者的端庄与稳重。在此基础上，有时亦可稍有变化。以两件套西装套裙为例，上衣与裙子可以一色，也可以采用上浅下深或上深下浅两种不同的搭配，使之形成对比。当选择同一色系的套裙时，一般可采用其他色彩的衬衫、胸针、丝巾、领花等来加以点缀，或者在衣领、衣兜、袖口、下摆等处用不同色彩、不同面料进行适当点缀。商务女士的套装选择色彩范围较广，不仅仅局限于黑色，但需要注意，一般一套套裙的总体色彩不要超过两种，以免显得过于花哨杂乱。

（三）西装套裙的造型

西装套裙的造型变化主要集中于长短与宽窄两个方面。在西装套裙中，上衣与裙子的长短没有明确的规定。上衣与裙子的造型，有上长下长、上短下短、上长下短、上短下长四种形式，在视觉上都能取得较好的效果。

知识链接

（四）西装套裙的式样

女士裙子的式样可以有不少选择，如西装裙、一步裙、筒裙等，式样端庄、线条优美的百褶裙、人字裙、喇叭裙等，飘逸洒脱、高雅漂亮，都是可以被接纳的式样。西装套裙的裙子一般不宜添加过多的花边或饰物。因此，在选择裙子时，首先应从自己的实际出发，不要一味追求时髦。穿西装套裙，特别是穿丝、麻、棉等薄型面料或浅色面料的西装套裙时，一定要内穿衬裙。

（五）西装套裙的尺寸大小

穿着套裙必须大小相宜，他人的套裙，过大或过小、过肥或过瘦的套裙，通常都不宜贸然穿着。通常认为，套裙之中的上衣最短，可以齐腰，而最长则可以达到小腿的中部。上衣的袖长以恰恰盖住着装者的手腕为好。衣袖如果过长，甚至在垂手而立时挡住着装者的大半个手掌，往往会使其看上去矮小而无神。过于宽大的套裙会给人以拖沓甚至散漫的感觉。

四、女士着装遵循要点

（一）套裙的穿着要求

1. 成套着装

穿着套裙时，一定要成套着装，并配上与之相协调的衬衣、线衫或T恤。在正式的商务场合中，无论什么季节，正式的商务套装都必须是长袖的。与衬衣搭配时，领口应系上领结、领花或丝巾、领带。与西服上装配套，多以一步裙为宜。职业裙装的裙子应该长及膝盖，坐下时直筒裙会自然向上缩短，如果裙子缩上后离膝盖的长度超过10厘米，就表示这条裙子过短或过窄。

2. 穿着得法

在穿套裙时，必须依照其常规的穿着方法，注意细节。尤其要注意上衣的领子要完全翻好，衣袋的盖子要拉出来盖住衣袋，不允许将上衣披在身上，或者搭在身上；裙子要穿正，左右对齐。

特别需要指出的是，商界女士在正式场合露面之前，一定要抽出一点时间仔细地检查一下自己所穿衣裙的纽扣是否系好、拉链是否拉好。在大庭广众之下，如果上衣的衣扣系得有所遗漏，或者裙子的拉链忘记拉上或稍稍滑开一些，都会比较尴尬。正式场合不允许女士将其部分或全部纽扣解开，更不允许当着别人的面随便将上衣脱下来，以免给人以不拘小节之感。身着套装时，还要注意套裙要大小适度，色彩与套装相协调。衬裙一般不宜有图案，不可暴露于套裙之外。

3. 衬衫的选择

商界女性在出席正式商务场合时，也应穿着正装衬衫，衬衫面料应以轻薄、柔滑的质地为首选，首选真丝、麻纱、府绸、涤棉等面料。色彩以单色为佳，一般可选择白色、灰色、蓝色等，所选的色彩要与所穿套裙的颜色相协调，但不建议有图案。通常遵循"外简内繁，内简外繁"的搭配原则。衬衫除了用于搭配西装外套之外，在一般工作场合也可穿着在外。项链、丝巾、腰链的适当搭配，可以减去衬衫

给人的拘谨与严肃感，更能显现穿衣品位。

衬衫在穿着上要注意：一是衬衫不直接外穿。商界女性在出席正式的商务活动时，必须穿着西装套裙，搭配正装衬衫。一般必须保证成套穿着，不可在他人面前脱下西装外套。二是衬衫下摆应放入裙内，不可露于裙外。三是衬衫钮扣应全部系好，以显示出严谨认真、传统而稳重的感觉。

4. 内衣的选择

选择内衣时，一定要大小适当，不可过紧，且不可使内衣轮廓显现出来。商界女性在穿着内衣时要特别注意三点：一是内衣不可不穿。商界女性无论在正式场合还是在一般工作场合，无论选择何种着装，都必须要穿着内衣，不穿内衣是不文雅的，也是对他人的不礼貌与不尊重。二是内衣不可外露。内衣要保证隐在衬衫领口内，色彩建议选择肉色、白色、粉色等较淡的色彩，切不可透过衬衫显现内衣。内衣在穿着时，要注意肩带不可外露。特别是炎炎夏日，或身着无袖裙时，一定要对内衣肩带加以注意，预防肩带滑落。三是内衣不可外透。商界女性在工作场合中，不可穿着过于薄、露、透的上衣，这都是失礼且不文雅的，有损女士形象。

5. 皮鞋的选择

穿高跟皮鞋可让人亭亭玉立、充满朝气，穿着套裙时最好选择带跟皮鞋进行搭配，以深色船形皮鞋为宜，高跟或半高跟均可，一般选择黑色牛皮鞋最为规范。系带式的皮鞋、丁字式的皮鞋、凉鞋等均不能与套装相搭配。布鞋、旅游鞋、轻便鞋与西服套裙搭配均不相适宜。一些有亮片或水晶装饰的鞋子并不适合商务场合，一般只适合正式或半正式的社交场合。露出脚趾和脚后跟的凉鞋也不适合正式的商务场合。冬天，很多女士喜欢穿长筒的皮靴，在商务场合，尤其是参加正式的商务活动时，应该避免穿着靴子。鞋子的颜色最好与手提包一致，并且要与衣服的颜色相协调。

6. 袜子的选择

与套裙相搭配袜子应是连裤袜，中筒袜、低筒袜都不适宜与套裙搭配。在色彩选择方面，一般建议肉色或透明，不能带有图案和花纹，更不可选择彩色的连裤袜。袜子大小要适度，太大容易下滑，太小会穿着不舒服，不利于腿部血液循环，注意袜口不可暴露在外。袜子一定要勤洗勤检查，有洞、跳丝、残破的袜子都应立即更换，商务女士建议随身携带一双备用的袜子，以防万一。

7. 与场合相协调

商界女士在各种正式的商务交往中，一般以穿着套裙为好。在涉外商务活动中，则务必穿着套裙。在出席宴会、舞会、音乐会时，可酌情选择与此类场面相协调的礼服或时装，此刻依旧穿套裙，则会使自己与现场"格格不入"，并且还有可能影响他人的情绪。外出观光旅游、逛街购物，或者进行锻炼健身时，商界女士一般以穿着休闲装、运动装等便装为宜。

8. 与妆饰相协调

在穿着套裙时，商界女士必须具有全局意识，将其与化妆、配饰一起加以考虑。着装、化妆与配饰应风格统一，相辅相成。商界女士在穿套裙时的基本原则是：既不可以不化妆，也不可以化浓妆。应当只化淡妆，"妆成有却无"，恰到好处即可。

（二）制服的穿着要求

所谓制服，就是商界人员在其工作岗位上按照规定必须穿着的，由所在企业、公司统一设计、制作并下发的，在面料、色彩、款式等方面一致的服装。不少国内外知名企业都会专门为自己的员工提供工作场合使用的制服。商界人士身着统一的企业制服，可以体现本职工作的特色，也已经成为行业特有的标志。制服给人以整体感和统一感，有助于体现企业、公司的共性，展现员工团结一致的团队合作精神和集体凝聚力，有助于在公众和客户心目中树立良好的企业形象。穿着制服时有以下几点要求。

1. 整洁美观

商务人士穿着制服也要像在正式场合穿着西服套装一样，保持制服的外观平整、完好。为了防止制服出现褶皱，可适当采取一些小措施。比如，洗净之后的制服要熨烫平整；脱下来的制服不要随手乱扔乱放，最好叠放好或垂直悬挂等。

2. 干净卫生

在公共场合，商务人士所穿着的制服必须无异味、无脏物、无汗迹。制服虽然是单位统一设计并定做的，不可能让每位职员都喜欢，但是在穿着过程中，也要像爱护自己的衣服一样，努力保证制服干净、整洁，及时更换和清洗。

3. 完好无损

穿着制服时，商务人士要小心护理，不要轻易让自己的制服受损。当然，随着工作年限的增长、工作强度的加大，自己的制服不可避免地会出现这样或那样的损坏，如掉扣、开线、磨破、磨毛等，如果制服出现这些情况，要及早发现并及时处理好。

4. 整体协调

着装应当基于整体的考虑和精心的搭配，相互呼应、配合，恪守制服本身约定的搭配。服饰的整体美构成，包括人的形体、内在气质和服饰的款式、色彩、质地、工艺及着装环境等，服饰美就是从这多种因素的和谐统一中显现出来的。女士在着装时不要选择过于时尚的搭配方式，如运动外套加连衣裙，商务套装配鱼嘴鞋等。在色彩上也尽量不要去选择荧光绿、荧光黄等鲜艳色彩。在饰品搭配方面，不要选择过于夸张、华丽的配饰。

（三）礼服的穿着要求

礼服是在隆重的场合所穿的服装。女士礼服一般为露背、低胸、无袖等，也可以中式旗袍代替。礼服有夜礼服和午后礼服之分。夜礼服用于晚间宴会或外交场合，有正式、非正式之分，在款式上没有固定的格式，但都有高格调和正统感。欧洲女性夜礼服的特点是露出肩、胸、背，有无袖，也有紧领、长袖的式样，长至脚边。夜礼服多选用丝绸、软缎、麻丝、花瑶等面料加工制作。如果装饰搭配合理，会显得格外漂亮、高雅。夜礼服只能在特定时间、场合穿着。午后礼服是在下午比较正式的拜访、宴会场合穿着的礼服，有正式、非正式之分。正式的用于参加外礼、宴会等场合；非正式的可用于外出或拜访。午后礼服的裙长一般较长，款式不固定，格调高雅、华贵。典型的午后礼服要佩戴帽子、提包，还要佩戴项链。女性商务人员穿着礼服时要特别注意：一是保持整洁；二是穿着到位；三是搭配好鞋袜。

👤 视频学习

第四节　男士服饰礼仪

服饰是一种文化，它可以反映一个民族的文化素养、精神面貌和物质文明的发展程度；服饰又是一种"语言"，它能反映一个人的社会地位、文化修养、审美情趣，也能表现出一个人对自己、对他人以至对生活的态度，是一种特殊的"身份证"。英国有一句格言：整齐清洁的服装是无言的"介绍信"。

在各类交际场合，男士的着装一般可大致分为便服和礼服两大类。各式夹克、外套、衬衫、T恤与各式西装均为便服，穿着场合较广。当参加比较正式、隆重、严肃的会议或有特别意义的典礼时，一般应选择深色西装或成套礼服。

西装起源于100多年前的欧洲，流行于西方国家，以庄重舒适、挺拔美观而风靡于世，现已成为世界各国普遍认同和喜爱的男士服装。据说最原始的"领带"来自古时候山林里的日耳曼人，是他们系在脖子上为使兽皮不致脱落的草绳。而真正使领带成为上流社会时尚的是法国国王路易十四。有一天，他看到一位大臣上朝时，在脖子上系了一条白绸巾，又在前面打了一个领结，显得十分漂亮。路易十四极为赞赏，当即宣布以领结为高贵的标志。

西装在造型上表现出活泼而流畅的线条，西装结构造型与人体活动相适应，使人的颈、胸、腰等部位平展舒坦，富有挺括之美。正规场合职业男士必须穿正规西装，休闲系列一般都是不允许的。正因为西装具有造型设计美观、线条简洁流畅、立体感强、适应性广泛等特点，所以越来越受到人们的青睐，成为男士在正式场合着装的最佳选择，在各种礼仪场合被广泛穿着。西装的穿着有相当统一的严格的模式和要求。一套合体的西服，可以使着装者显得潇洒、精神、风度翩翩，反之，一些看似不起眼的细节也会影响总体美观。只有符合特定模式和要求的穿着才能被认为是合乎礼仪的。

一、男士穿着正装的要点

商务人员在工作时原则上应着正装，正装通常包括西装、制服及礼服。西装美观大方，穿着舒适，是目前世界上最为流行的一种国际性服装。它造型优美，做工讲究，是职场上公认的共同着装。一般常见的有两件套或三件套西装，是统一面料、统一色彩的规范化的男士着装。下面介绍一下男士穿着正装的要点。

（一）重要意义

男士身穿正装不仅是对交往对象的尊重，同时也使着装者有一种职业的自豪感、责任感，是敬业、乐业在服饰上的具体表现。在工作场合身穿职业正装，保持良好的精神面貌，可以体现工作人员专业、敬业的工作状态，有利于提升企业的良好形象和工作作风。

（二）基本要求

男士着装的基本要求：干净整洁、熨烫平整、扣子齐全、拉链完好，不应有油渍和其他污迹，不可有漏缝、破边。要遵循整洁、雅致、和谐、恰如其分的原则，在服装式样和色彩搭配上忌杂乱，职业装忌过于鲜艳，服装质地忌粗糙。

（三）三色原则

三色原则在国外经典商务礼仪规范中是经常被强调的原则，简单来说，就是男士身上的色系（即包括西服、衬衣、领带、鞋子及其他配饰的颜色）不应超过三种。全身上下包括的颜色应被限定在三种以内。

（四）三一定律

三一定律指的是男士在正式场合穿西服套装时，鞋子、皮带、公文包应为同一种色彩。

男士的长裤必须是系皮带的，有弹性松紧带的运动裤不能称为正装，建议使用黑色或深褐色的皮带。正装离不开皮鞋，运动鞋和布鞋、拖鞋不能称为正装。最为经典的正装皮鞋是系带式的。

二、西装选择的主要细节

选择西服应注意面料、色彩、图案、款式、版型和尺寸六个方面的细节。

（一）面料

鉴于西装在商务活动中往往充当正装或礼服之用，其面料的选择应力求高档。在一般情况下，毛料应为西装首选的面料。具体而言，纯毛、纯羊绒面料以及高比例含毛的毛涤混纺面料，皆可用作西装的面料。一般不建议采用不透气、不散热、发光发亮的各类化纤面料。

目前，以高档毛料制作的西装，大都具有轻、薄、软、挺四个方面的特点。即西装总重量轻，不显笨重，但穿起来柔软舒适，既合身又不会给人以束缚挤压之感。高档西装更要求挺括雅观，不折皱、不松垮、不起泡。

（二）色彩

商界男士在穿着西装时，所选择的色彩应显得稳重、正统，而不能选择过于轻浮和亮丽的色彩。根据此项要求，男士在商务交往中所穿的西装的色彩应当为单色套装，如黑色、藏蓝色、深灰色、棕色等。在世界各地，藏蓝色的西装往往是商界男士的首选。黑色的西装适合在庄严肃穆的礼仪性活动中穿着。日常工作中，一般不穿黑色西装。通常会选择深色西装、白色衬衫、黑色鞋袜。领带的色彩最好与西装的色彩保持一致。

（三）图案

商界男士所推崇的是成熟、稳重，所以其西装一般以无图案为好，不建议选择搭配各类刺绣、标志、字母、符号等图案的西装。

商界男士一般也可选择细条的竖条纹西装。在欧洲国家，商界男士较为体面的西装，往往就是深灰色的、条纹细密的竖条纹西装。用"格子呢"缝制的西装，一般只在非正式场合里穿着。

（四）款式

在不同的国家，西装有不同款式，主要有两种最常见的分类方法。

一是按照西装的件数来划分，可分为单件与套装。单件西装，即一件与裤子不配套的西装上衣，仅适用于非正式场合。商界男士在正式的商务交往中所穿的西装，必须是西装套装。所谓西装套装，指的是上衣与裤子成套，其面料、色彩、款式一致，风格上相互呼应的多件套西装。通常，西装套装又有两件套与三件套之分。两件套西装套装包括一衣和一裤；三件套西装套装则包括一衣、一裤和一件背心。按照人们的传统看法，三件套西装比起两件套西装来要更加正规一些。

二是按照西装上衣的组扣数量来划分。根据这一标准，西装上衣有单排扣与双排扣之分。一般认为，单排扣的西装上衣比较传统，而双排扣的西装上衣则较为时尚。单排扣的西装上衣，最常见的有一粒扣、两粒扣和三粒扣三种；双排扣的西装上衣，最常见的有两粒扣、四粒扣和六粒扣三种。

（五）版型

西装的版型，又称西装的造型，它指的是西装的外观形状。目前，西装版型主要有欧式、英式、美式、日式四种。

欧式西装的主要特征是：上衣呈倒梯形，多为双排两粒扣式或双排六粒扣式，而且纽扣的位置较低，衣领较宽，强调肩部与后摆，不甚重视腰部，垫肩与袖笼较高，腰身中等，后摆无开衩。

英式西装的主要特征是：不刻意强调肩宽，而讲究穿在身上自然、贴身。多为单排扣式，衣领多为"V"形，并且较窄。它腰部略收，垫肩较薄，后摆两侧开。商界男士十分推崇的"登喜路"牌西装，就是典型的英式西装。

美式西装的主要特征是：外观上方方正正，宽松舒适，较欧式西装稍短一些。肩部不加村垫，是肩部自然式西装。其衣领为宽度适中的"V"形，腰部宽大，后摆中间开衩，多为单排扣式。

日式西装的主要特征是：上衣的外观呈现"H"形，即不过分强调肩部与腰部。垫肩不高，领子较短、较窄，不过分地收腰，后摆也不开衩，多为单排扣式。

上述四种造型的西装各有其特点。欧式西装洒脱大气，英式西装剪裁得体，美式西装宽大飘逸，日式西装贴身稳重。商界男士可根据自身条件和偏好进行选择。不过一般来说，欧式西装要求穿着者高大魁梧，美式西装穿起来稍显休闲散漫，而英式西装与日式西装更适合中国人在比较正式的商务场合穿着。

（六）尺寸

穿着西装，务必要令其大小合身，宽松适度。在商务活动中，一位男士所穿的西装不管是过大还是过小，过肥还是过瘦，都会损害其个人形象。要使自己所选择的西装真正合身，有必要注意以下三点：

一是了解标准尺寸。众所周知，西装的衣长、裤长、袖长、胸围、臀围都有一定的标准，唯有对此加以了解，才会在选择西装时有章可循。

二是最好量体裁衣。市场上销售的西装多为批量生产，尽管尺寸十分标准，但穿在每个人身上的效果会有所不同。所以，有条件者最好是委托专业人士为自己量身定制西装。

三是认真进行试穿。购买成衣时，应反复进行试穿，选择合身的西装。

三、西装搭配的相关细节

（一）西装与领带的搭配

在男士穿西装时，需要特别注意领带的搭配，通常领带会成为整套西装的"画龙点睛"之笔，正式场合必须穿西装打领带。在欧美各国，领带已与手表、装饰性袖扣并列被称为"成年男子的三大饰品"。

领带的选择主要涉及对面料、色彩、图案、款式等方面的比较。领带的面料是影响其品质的关键。一般好的领带都是选择真丝的软缎、桑波缎、采芝绫等，也可选择毛织物、棉织物、混纺织物等，以挺括为佳。

从色彩上讲，领带有单色、多色之分。在色彩方面，商务场合的领带建议选择单色，如蓝色、灰色、棕色、黑色、酒红色等，尽量少用浅色或艳色的领带，与西装外套的搭配要呈现总体和谐美观的效果。单色领带适用于公务活动和隆重的社交场合，浅色或花色领带一般只适用于普通社交休闲场合。同时需要注意的是，花色领带一般不应超过三种色彩。商务场合适用的领带通常会选择单色无图案的款式，或是斜条、横条、竖条、圆点、方格以及规则的碎花。一般斜条领带表示果断权威、稳重理性，适合于谈判、主持、演讲等场合；圆点或方格领带比较中规中矩，一般适用于初次见长辈、上司等；不规则图案的领带显得比较活泼随意，有个性，有创意和朝气，一般只适用于社交酒会、宴会等。领带的款式一般有宽窄之分，进行选择时，应注意最好使领带的宽度与自己身体的宽度尽量和谐，不要反差过大。

穿西服时使用领带夹，应将其别在特定的位置，即从上往下数，在衬衫的第四与第五粒组扣之间将领带夹别上，然后扣上西服上衣的扣子，一般应当看不见领带夹。因为领带夹的主要用途是固定领带，可以有稍许外露，但如果显于衬衫或领带，就会显得过于张扬。

（二）西装与衬衫的搭配

在商务场合，男士穿着西装时应搭配衬衫、领带。一般白色或蓝色衬衫是男士挑选的主流色彩。与西服配套的衬衫必须挺括整洁无皱褶，尤其是领口。衬衫在穿着过程中要特别注意：一是衣扣要系好。穿西装所搭配衬衫的所有纽扣都必须系上。二是袖长要适度。穿西装时，最美观得体的穿法是衬衫的袖口恰好长出 2～3 厘米，领子高出西装上衣领子 1 厘米。三是下摆要放好。即无论是否穿西装外衣，都要将衬衫下摆均匀地塞进腰内。四是大小要合身。衬衫以正好合体为佳，不可过大也不可过小。

👤 视频学习

👤 情景故事

职场中的商务男士选择的衬衫应以单色为主，不建议有任何图案。衬衫的颜色要与西装外套协调一致。穿深色西装时宜搭配浅色衬衫，尤以白衬衫为最佳选择。特别是在国际性的正式商务场合中，商务人员都应选择身着白色衬衫。穿着素色西装时可以搭配细纹直条的衬衫，太花哨的衬衫不适合正式的商务场合。身穿灰色西服时，可选择穿白色为主的淡色衬衫；藏青色西服一般可搭配白色或淡蓝色衬衫；白色西服可搭配浅蓝色或其他淡色衬衫；褐色西服可搭配白、灰色衬衫。带有圆点或方格图案的衬衫常给人以轻松、平易近人的感觉，适用于轻松、舒适的氛围与环境。如果西装上衣是带有格子或条纹图案的，则最好搭配素色衬衫。衬衫的面料一般以精纺纯棉、纯毛制品为佳。

（三）西装与西裤的搭配

西裤作为西装整体的一个组成部分，要求与上装互相协调，以构成和谐的整体。西裤的裤腰大小以合扣后插入一手掌为标准，裤长以裤脚接触脚背最为适合。穿着西裤时，裤扣要扣好，拉锁全部拉严。天气较热、温度较高时可以脱掉西服，单穿西裤与马甲或衬衫，但系领带时必须扣上衬衫袖口的扣子，绝不能卷起袖口，更不得卷起裤边，否则将被认为是极不文雅的表现。

（四）西装的穿着细节

1. 皮带

穿西裤时要系上皮带，皮带应质量上乘，颜色与衣服、鞋子相配。通常穿藏蓝色、灰色或黑色的西裤适合配黑色皮带；米色或棕色的西裤适合配棕色的皮带。皮带扣的金属颜色可以是金色或银色的。西裤的皮带一般在 2.5～3 厘米的宽度较为美观，皮带系好后留有皮带头的长度一般为 12 厘米左右，过长或过短都不符合美学要求。皮带扣应美观、简洁、大方，不要过于花哨。过宽的腰带不适用于西服。

休闲穿着时可以选择编成麻花状的小山羊皮或者帆布的皮带,但正式商务场合要避免过于花哨的皮带扣。

2. 皮鞋

西装必须与皮鞋配套穿,所谓"西装革履",即除皮鞋外,其他任何鞋子如布鞋、球鞋、旅游鞋等,都不太适宜与西装配套。皮鞋一般选择真皮而非仿皮。磨砂皮鞋、翻毛皮鞋都属于休闲款,不太适合与西装搭配。传统的皮鞋是牛津式(平头或是三接头式的),深色、单色、黑色最好。皮鞋不能与整体的穿着有明显的反差,并且颜色上也要注意搭配,一般黑色鞋配灰色裤子,棕色鞋配茶色裤子。穿皮鞋时要注意保持鞋内无异味,鞋面无灰尘,鞋底无污泥。

3. 袜子

穿西装、皮鞋时,要选择搭配深色、单色的袜子,一般应为棉袜,切忌穿黑皮鞋配白袜子,袜子和裤子与皮鞋应为同色或接近的颜色。穿袜子前要检查一下袜子有无破损。确保袜子足够长,不至于坐下时露出腿,还要避免袜子下滑。像纯棉和羊毛等天然面料的袜子要比合成面料的袜子要好,因为纯棉和羊毛的透气性好,可以使脚部保持温暖、干燥,并且能预防脚臭。

4. 手帕

西装手帕的整理也很重要。装饰性的手帕一般要求熨烫平整,根据不同场合需要折叠成各种图形,正插于西装的上衣口袋中,可以起到点缀的作用。

5. 口袋

西装口袋的装饰作用多于实用价值。不同位置的口袋,其功能也不太一样。上衣左侧的口袋一般仅放用于装饰的真丝手帕,不应再放其他物品。上衣内侧的口袋可以放钢笔、薄钱包或名片,但不能放过大或过厚的物品。上衣外侧下方的左右口袋,原则上也不能放过大的物品,以免西装版型走样。西装背心上的口袋一般也多具装饰功能,不放任何东西。

🔍 知识链接

CHAPTER3

第三章

仪态礼仪

仪态，是指在人际交往中身体各部位所呈现出的姿态。仪态是一种无声的语言。表现着一个人的思想、情感、风度、修养以及对外界事物的反映。正如达·芬奇所说："从仪态来了解人的内心世界，把握人的本来面目，往往有相当的准确性与可靠性。"要遵守约定成俗的仪态规范，要文明、优雅、尊重他人。

第一节　站姿与坐姿

站立姿势简称站姿或立姿，是指一个人在停止行走后直立身体双脚着地的姿态。站立时，男性要表现出刚健、潇洒、英武的风采，要力求给人一种阳刚之美。女性则要注意表现出轻盈、娴静、文雅的韵味，要给人一种宁静之美。坐姿是由站立姿势变化而来的相对静止的体态，是一种人体静态造型。正确的坐姿要求是"坐如钟"，要求像钟一样端正。端庄优雅、挺拔谦逊的坐姿，能给人以文雅、稳重、自信大方、善于合作的好感。

在人际交往中，举止姿态在人的相互沟通中作用甚大。具体来讲，表现在以下四个方面：一是表露功能，即可以表达语言难以表达的信息。二是替代功能，即可以替代语言，用姿态直接与对方交流、沟通。三是辅助功能，即辅助语言表达，使思想得以强化，使表达更加清楚、深刻。四是调节功能，即可以发出暗示，调节双方关系，使对方做出积极反应。

一、站姿

人的仪表美，是由优美的站姿来体现的，而优美的姿态又以正确的站姿为基点。站姿的基本要领主要体现为：站立时，要注意肌肉张弛的协调性，挺胸立腰沉肩，两肩和手臂的肌肉放松，呼吸自然。站立时要以标准站姿的形体感觉为基础，要面带微笑。使规范的站立姿势与热情的微笑相结合。商务人员的站姿要体现在工作中，融入自身的仪态举止，养成习惯。规范要与自然结合，运用自如，分寸得当，使人感到既有教养又不造作。

站立是最基本的一种举止，正确健美的站姿会给人以挺拔笔直、舒展俊美、积极进取、充满自信之感。反之，站立时左歪右斜、挺腹屈腿则会给人以轻浮、不懂规矩，没有教养之感。

（一）标准的站姿

标准的站姿应是身体站直，收腹挺胸，头部摆正，两眼平视前方，两肩平齐下沉，微收下颌，两臂自然下垂，双腿自然并拢，两脚后跟靠拢，脚尖打开呈"V"形（约站立者的一拳距离）。如果采用并行脚位，手中指贴裤缝。身体重心落于两腿正中；腰背挺直，精神饱满，整个身体庄重挺拔。

站姿的要领：一是平，即头平正，双肩平略沉，两眼平视；二是直，即腰直、腿直，后脑勺、背、臀、小腿肚、脚后跟成一条直线；三是高，即重心上拔，看起来显得高挺。

男性员工与女性员工通常可以根据各自不同的性别特点，在遵守标准站姿的基础上，做出一些局部的变化。男性员工与女性员工在站姿方面的差异如下：

男性员工在站立时，要注意表现出男性刚健、潇洒、英武、强壮的风采，力求给人一种壮美感。具体来讲，在站立时，男性员工可以双手自然放于身体两侧，也可以将双手相握、叠放于腹前，或者相握于身后。双脚可以稍分开，但分开幅度不可超过肩宽，标准幅度为一脚长。双脚不可随意乱动。如果站立时间过久，可以将左脚或右脚交替后撤一步，身体重心落在另一只脚上，但交换不宜过于频繁。

女性员工在站立时，则要注意表现出女性轻盈、妩媚、娴静、典雅的韵味，努力给人以一种"静"的优美感。具体来讲，在站立时，女性双手自然下垂，右手在前、左手在后，两手叠放或相握于腹前，双腿并拢，不宜叉开。或者将双脚脚跟并拢，脚尖分开，张开的脚尖大致相距 10 厘米，角度约为 30°，呈"V"形。礼仪场合中可将重心置于某一脚上，双脚脚位呈"丁"字形。

（二）不同场合的站姿

在升国旗、奏国歌，接受奖品，接受接见，致悼词等庄严的场合，应采用严格的标准站姿，而且神情要严肃。

在演讲、新闻发言、做报告宣传时，为了减少身体对腿的压力，减轻由于较长时间站立引起的双腿疲倦，可以用双手支撑在讲台上，两腿轮流放松。

主持文艺活动、联欢会时，可以将双腿并拢站立，女士也可站成"丁"字步，让站立姿势更加优美。站"丁"字步时，上体前倾，腰背挺直，臀微翘，双腿叠合，这样会更富有女性魅力。

迎宾人员往往站的时间较长，双腿可以稍分开站立，双腿分开不宜超过肩。根据性别不同，双手可以交叉或相叠垂放于腹前，或在背后交叉，右手放在左手上面，但要注意收腹。礼仪活动中的站立，要比迎宾更趋于艺术化，一般可采取立正的姿势或"丁"字步。如双手端执物品时，上手臂应靠近身体两侧，下颌微收，面带微笑，给人以优美亲切的感觉。

交通工具上的站立，头部以正为佳，最好目视前方，身体要挺直，双腿应尽量伸直，膝部不宜弯曲，双脚之间可以以适宜为原则张开一定的距离，重心要放在自己的脚后跟与脚趾中间，不到万不得已，叉开的双脚不宜宽于肩部，双手可以轻轻地相握于胸前，或者以一只手扶着扶手、拉着吊环。采用此种站姿在交通工具上站立时，应尽可能地与他人保持一定的身体距离，免得误踩、误撞到人。

二、坐姿

坐姿是一种静态的造型。端庄优美的坐姿会给人以文雅、稳重、自然大方的美感。坐姿的规范要领是腰背挺直，肩放松，女士两腿并拢，男士膝部可分开一些，但不要过大，一般不超过肩宽。注意四肢协调配合，即头、胸、髋三轴，与四肢的开、合、曲、直对比得当，便会形成优美的坐姿。

"坐有坐相"，符合礼仪规范的坐姿能展现出一个人积极热情、尊重他人的良好风范。坐姿同样有美与丑、优雅与粗俗之分。正确的坐姿能给人一种安详庄重的感觉，因此，要"坐有坐相"，做到端正、舒展、大方。

中国古代人的坐姿是双膝着地，臀部压在脚跟上。现在有些少数民族仍采用这种坐姿，还有一些地方的人采用盘腿而坐的姿势。但由于凳、椅、沙发等的广泛使用，这些坐姿已不多见。

（一）标准坐姿

从远处走向座位时，通常采用"左进左出"原则。坐定后的姿势最能展现一个人的职业修养，要特别注意，在正式场合，或者有尊长在座时，不宜坐满整个座位，通常只坐满椅子的三分之二，女士一般只坐满椅子的三分之一。坐正时上身挺直，头部放正，双眼平视前方，或面对交谈对象。身体不宜靠在座位的背部，也不允许仰头靠在座位背上，或是闭目养神、低头注视地面。坐稳后，双手应掌心向下，叠放于大腿之上或是放在身前的桌面上。双膝自然并拢，面带微笑，自信放松，嘴唇微闭，下巴微收。侧坐时，双手应以叠放或相握的姿势放于身体侧向的那条大腿面上。如果是面对尊长、贵客而又无屏障时，双腿应当并拢。不可在尊长、贵客面前高跷"二郎腿"，两腿不可以伸向远处。

（二）不同场合的坐姿

谈判、会谈时，场合一般比较严肃，适合正襟危坐，但不要过于僵硬。要求上身正直，端坐于椅子中部，注意不要使全身的重量只落于臀部，双手放在桌上、腿上均可，双脚为标准坐姿的摆放。

倾听他人讲话、教导、传授、指点时，若对方是长者、尊者、贵客，坐姿除了要端正外，还应坐在座椅、沙发的前半部或边缘，身体稍向前倾，表现出一种谦虚、迎合、重视对方的态度。

在比较轻松、随意的非正式场合，可以坐得轻松、自然一些。全身肌肉可适当放松，可不时变换坐姿以用来休息。对商务人员来说还应当注意如下五个问题。

1. 入座的要求

单人入座时，无所谓入座的顺序，但当多人一起入座时，就需要注意入座顺序问题。入座时先要礼让尊长，不可抢在来宾、长辈、上级或女士前就座，抢座是失态的表现。一般应让客方、长辈、领导、女士先入座。

与他人同时就座时，应当注意座位的尊卑，并且主动将上座相让于人。在大庭广众之处就座时，一定要坐在椅、凳等常规的位置，坐在桌子上、窗台上、地板上，往往是不恰当的。入座时还要注意方位，分清座次的尊卑，主动礼让。一般将面门的座位、居中的座位、舒适的座位主动让给尊长。

就座时，应转身背对座位，如距其较远，可将右脚向后移半步，等到腿部接触到座位边缘后再轻轻坐下。穿着裙装的女性要特别注意，入座要稳，动作轻柔，入座前先用手沿大腿侧后部轻轻地把裙子向前拢一下，然后再顺势坐下。就座时，要减慢速度，放松动作，无论男女，坐下时尽量不要发出声音，即便调整坐姿也要悄无声息，这是一种尊重他人的良好教养。为使自己坐得舒适，可在坐下之后略调整一下体位或整理一下衣服。

若条件允许，在就座时最好从座椅的左侧接近它。这样做，不仅是一种礼貌，而且也易于就座。在就座时，若附近坐着熟人，应主动跟对方打招呼；若身边的人不认识，亦应向其先点点头。在公共场合，要想坐在别人身旁，须先征得对方同意。

2. 离座的要求

在离座时，先有离座表示。离开座椅时，身旁如有人在座，应以语言或动作先向其示意，随后再慢慢站起身来，不能一蹦而起，以免让旁人受到惊扰。

与他人同时离座，应注意起身的先后次序。地位低于对方时，应稍后离座；地位高于对方时，则可首先离座；双方身份相似时，才可以同时起身离座。

起身动作要轻缓。起身离座时，应尽力做到动作轻缓，尤其要避免弄响座椅，或不小心将椅垫、椅罩等弄落在地上。起身时，建议右脚后退半步，再起身离座，这样方显稳重大方。

离开座椅时，先要采用基本的站姿。站定之后，方可离去，不可显得过于匆忙。站起身后，宜从左侧离去。与"左入"一样，"左出"也是一种常规礼仪动作。

3. 下肢的体位

坐好之后下肢的体位主要由双腿与双脚所处的不同位置所决定。常用的主要有以下几种姿势：

（1）正襟危坐式。正襟危坐式又称标准的坐姿或双腿垂直式，适用于最正规的场合。要求上身与大腿、大腿与小腿，都应成直角，小腿垂直于地面。正坐时，双膝、双脚包括两脚的跟部，都要完全并拢。

（2）开膝式。多为男性所用，亦较为正规。要求上身与大腿、大腿与小腿皆为直角，小腿垂直于地面。双膝允许分开，但不得超过肩宽。女性一般不采用此坐姿。

（3）叠腿式。较适合穿短裙的女士采用，造型极为优雅。要求将双腿完全地一上一下交叠在一起，交叠后的两腿之间没有任何缝隙，犹如一条直线。双脚斜放于左或右一侧，斜放后的腿部与地面成45°夹角，叠放在上的脚的脚尖垂向地面。

（4）侧坐式。侧坐式适用于穿裙子的女士在较低处就座时采用。要求双腿先并拢，然后双脚向左或向右侧斜放，力求使斜放后的腿部与地面成45°夹角。

（5）交叉式。交叉式适用于各种场合，男女皆可选用。要求双膝先并拢，然后双脚在踝部交叉。需要注意的是，交叉后的双脚可以内收，也可以斜放，但不宜向前方远远地直伸出去。

（6）内收式。内收式适合在一般场合采用，男女都适宜。要求大腿先并拢，小腿可向内侧屈回。

（7）前伸式。前伸式也是女性适用的一种优美坐姿。要求大腿并紧之后，先向前伸出一条腿，再将另一条腿屈后，两脚脚掌着地，双脚前后要保持在一条直线上。

4. 上身的体位

就坐姿而论，除了下肢的体位之外，上身的体位，即坐好之后，头部、躯干与上肢的具体位置也极其重要。

注意头部端正。不能在客户面前就座时出现仰头、低头、歪头、扭头等情况。坐定之后的标准头位，应当是头部抬直，双目平视，下颌内收。整个头部看上去应当如同一条直线一样，与地面垂直。出于实际需要，在办公时允许低头俯看桌上的文件、物品，但在回答他人问题时，则务必抬起头来，不然就带有爱搭不理的感觉。在与人交谈时，可以面向正前方，或者面部侧向对方，但不能将后脑勺对着对方。

入座以后，身体的躯干部位要注意坐端正。需要注意四个要点：一是椅背的倚靠。倚靠主要用于休息，所以因工作需要而就座时，通常不应将全身完全倚靠着座椅的背部。二是椅面的占用。不宜经常倚靠椅背，特别是在尊长面前，不宜坐满椅面。三是身体的朝向。与他人交谈时，为表示对其重视，不仅应面向对方，而且应同时将整个上身朝向对方；侧身而坐时，躯干不能歪扭倾斜。四是基本的轮廓。在大庭广众就座时，躯干的基本轮廓力求美观宜人。躯干要挺直，胸部要挺起，腹部要内收，腰部与背部一定要直立。

注意手臂位置。根据实际需要，在坐好后手臂摆放的正确位置主要有以下四种方式：一是放在大腿上。可以双手分开各扶在大腿中部，或是双手叠放后放在两条大腿中间，也可以双手相握后放在大腿上。当女士侧身与人交谈时，通常宜将双手置自己所侧一方的那条大腿上。二是当穿短裙的女士面对男士而坐，而身前没有屏障时，为避免"走光"，一般也可将自己随身携带的皮包或文件放在并拢的大腿上，随后，即可将双手或扶或叠或握后置其上。三是将手放在身前桌子上。即双手平扶在桌子边沿，或是双手相握置于桌上。四是将手放在身旁扶手上。坐定后，将手放于座椅的扶手之上。一般女士侧身而坐时，应将双手叠放或相握后，置于侧身一侧的扶手上。

第二节　行姿与蹲姿

行走的姿态是一种动态的美。"行如风"就是用风行水面来形容那种轻快自然的行姿。优雅、稳健、轻盈的行姿，常常会给人以美的感受。蹲姿，则是由站立的姿势转变为两腿弯曲使身体下降的姿势。无论是行姿还是蹲姿，都是商务交往中的重要肢体语言，能够表现出一个人的风度或韵味。

一、行姿

优美而协调的行走姿态，有助于塑造体态美，排除多余的肌肉紧张。行姿的规范标准是，以大关节带动小关节，手臂伸直放松，手指自然弯曲，摆动时，要以肩关节为轴，上臂带动前臂，向前，手臂要摆直线，肘关节略屈，前臂不要向上甩动，向后摆动时，手臂外开不超过30°。前后摆动的幅度为30～40厘米。上体前屈，提髋，屈大腿，带动小腿向前迈。脚尖略开，脚跟先接触地面，依靠后腿将身体重心送到前脚脚掌，使身体前移。这样的行姿才能轻巧、自如、稳健、大方。

（一）标准的行姿

标准的行姿应优美自然，表情放松，昂首挺胸，略收下巴，立腰收腹，两臂自

然下垂，两臂以身体为中心，前后自然摆动，向前摆臂在 30° ～ 35°，向后摆臂在
15° ～ 20°，手掌朝向体内，起步时身子稍向前倾，重心落在前脚掌，膝盖伸直，脚
尖向正前方伸出，行走时双脚踩在一条线的边缘上。具体来说，走路时要特别注意
下述五个主要环节。

1. 步幅适中，直线前行

在行走时，必须要保持明确的行进方向，尽可能地使自己犹如在一条直线上行
走。若做到此点，往往会给人以稳重之感。具体的方法是，行走时应以脚尖正对着
前方，形成一条虚拟的直线。每行进一步，脚跟都应当落在这一条直线上。

步幅，又叫步度，它指的是人们每走一步时，两脚之间的正常距离。在行进
时，最佳的步幅应为本人的一脚之长，即行进时所走的一步，应当与本人一只脚的
长度相近。与此同时，步子的大小，还应当大体保持一致。

2. 全身协调，匀速行走

人们行进时的具体速度，通常叫作步速。步速固然可以有所变化，但在某些
特定的场合，应当使其保持相对稳定，较为均匀，不宜过快或过慢，也不宜忽快忽
慢。在工作场合，一般每分钟 100 ～ 120 步都是比较正常的。女士也可以根据所穿
的不同款式的鞋子来相应调节步幅和步速，总体上要求女士应该步履端庄、稳重、
文雅，尽显优雅之态。

人们在行进时，身体的各个部分之间必须进行完美地配合。在行进时要保持身
体的和谐，就需要注意：走动时要以脚跟先着地，膝盖在脚部落地时应当伸直，腰
部要成为重心移动的轴线，双臂要在身体两侧一前一后地自然摆动。

3. 双肩平稳，自然摆臂

走路过程中，肩与臂都不要过于僵硬，肩不要晃，两臂摆幅不要过大也不要过
小，以 30° 左右为宜。

4. 重心放准，步履轻盈

在行进时，能否放准身体的重心极其重要。正确的做法应当是：起步之时，身
体须向前微倾，身体的重量要落在前脚掌上。在行进的整个过程中，应注意使自己
身体的重心随着脚步的移动不断地向前过渡，切勿让身体的重心停留在自己的后脚
上。避免走路声响过大，走路内、外八字，走路心神不定。

5. 昂首挺胸，造型优美

行进的时候，应保持自己整体造型的优美，要使自己在行进中保持优美的身体
造型就一定要做到昂首挺胸，步伐轻松而矫健。其中最为重要的是，行走时应面对

前方，两眼平视，挺胸收腹，直起腰、背，伸直腿部，使自己的全身从正面看上去犹如一条直线般。

（二）不同场合的行姿

一般情况下，商务人员需要了解的行进姿势主要包括陪同引导、上下楼梯、进出电梯、出入房门、变向行走等。

1. 陪同引导

陪同，指的是陪伴着别人一同行进。引导，则是指在行进中带领别人，有时又称作引领、引路或带路。商务人员经常有机会陪同或引导客户。陪同或引导客户时，通常应注意以下四点：

一是本人所处的方位。若双方并排行进时，应居于左侧；若双方前后行进时，则应居于左前方约一米的位置。当客户不熟悉行进方向时，一般不应请其先行，同时也不应让其走在外侧。

二是协调的行进速度。在陪同或引导客户时，本人行进的速度须与对方相协调，切勿我行我素，走得太快或太慢。

三是及时的关照提醒。在陪同或引导客户时，一定要处处以对方为中心。每当经过拐角、楼梯或道路坎坷、照明欠佳之处时，须关照提醒对方留意，绝不可不吭一声，让对方茫然无知或不知所措而有所不便。

四是采用正确的姿势。在陪同或引导客户时，需要采取灵活、特殊的体位。当对方开始行进时，应面向对方，稍许欠身。在行进中与对方交谈或答复其提问时应将头部、身体转向对方。

2. 上下楼梯

上下比较高的楼梯时，需要特别注意：

一是要减少在楼梯上的停留。楼梯是人来人往之处，所以不要停在楼梯上休息、站在楼梯上与人交谈或是在楼梯上慢悠悠地行进。

二是要坚持"右上右下"原则。上下楼梯时，均不能并排行走，而应当自右侧而上，自右侧而下。这样一来，有急事的人，便可以快速通过。

三是要注意礼让客户。上下楼梯时，千万不要同服务对象抢行，出于礼貌，可请对方先行。当自己陪同或引导客户时，则应在下楼梯时先行在前。

3. 进出电梯

在使用电梯时，应当牢记先出后进。乘电梯时，应当等电梯里面的人出来之后，外面的人方可进去。乘电梯时碰上了并不相识的客户，也要以礼相待，请对方先进先出。若是负责陪同或引导对方，则乘电梯时还有特殊的要求。乘坐无人操作的电梯时，员工须自己先进后出，以便控制电梯；乘坐有人操作的电梯时，员工应当后进后出。

进出电梯时，应该侧身而行，免得碰撞、踩踏别人。进入电梯后，应尽量站在里侧。人多时，最好面向内侧，或与他人侧身相向。下电梯前要做好准备，提前换到电梯门口。

4. 出入房门

在出入房门时，尤其是在进入房门前，一定要采取叩门、按铃的方式，向房内的人进行通报。同时，还要注意以下要点：

一是要以手开关门。出入房间时，务必要用手来开门或关门。在开关房门时，用肘部顶、用膝盖拱、用臀部撞、用脚尖踢、用脚跟蹬等做法，都是不恰当的。

二是要面向他人。出入房间，特别是在出入一个较小的房间，而房内又有自己熟悉的人时，最好是反手关门，并且始终注意面向对方，而不是把背部朝向对方。

三是要后入后出。与他人一起先后出入房间时，为了表示礼貌，一般应后入后出。但如果室内光线较暗，可以先进入房间打开灯，然后再请客人或领导进入。

四是要为人拉门。在陪同或引导他人时，商务人员还有义务在出入房间时替对方拉门。

5. 变向行走

在行进中，人们经常需要变换自己的行进方向。变向行走，主要包括除常规前行之外的后退、侧行、前行转身、后退转身等。

后退步。扭头就走是失礼的，可采用先面向交往对象后退几步，方才转身离去的做法。通常面向他人后退宜至少两三步。后退时步幅宜小，脚宜轻擦地面。转身时，应先身后头。先转头或头与身同时转向，均为不妥。

侧行步。在行进时，有两种情况需要侧身而行。一是与同行者交谈之时。具体做法是，上身宜转向交谈对象，距对方较远一侧的肩部朝前，距对方较近一侧的肩部稍后，身体与对方身体之间保持一定距离。二是与他人狭路相逢时。此刻宜两肩一前一后，胸部转向对方，而不应背向对方。

前行转身。前行转身，即在向前行进中转身而行。它又分为两种：一是前行右转。在前行中向右转身，应以左脚掌为轴心，在右脚落地时，向右转体90°，同时迈出右脚。二是前行左转。与前行右转相反，在前行中向左转身，应以右脚掌为轴心，在右脚落地时，向左转体90°，同时迈出左脚。

后退转身。后退转身，即在后退中转身而行。它分为三种情况：一是后退右转。先退几步后，以左脚掌为轴心，向右转体90°，同时向右迈出右脚。二是后退左转。先退几步后，以右脚掌为轴心，向左转体90°，同时向左迈出左脚。三是后退后转。

先退几步后，以左脚为轴心，向右转体 180°，然后迈出右脚；或是以右脚为轴心，向左转体 180° 然后迈出左脚。

6. 其他行姿

参加喜庆活动，步态应轻盈、欢快、有跳跃感，以表达喜悦的心情。参加吊丧活动，步态要缓慢、沉重、有忧伤感，以表达悲哀的情绪。参观展览、探望病人，环境安静，不宜出声响，脚步应轻柔。进入办公场所拜访，在室内这种特殊场所，脚步应轻而稳。走入会场、走向话筒、迎向宾客，步伐要稳健、大方、充满热情。举行婚礼、迎接外宾等重大正式场合，脚步要稳健，节奏稍缓。办事联络，往来于各部门之间，步伐要快捷又稳重，以体现办事者的效率、干练。陪同来宾参观，要照顾来宾行走速度。

（三）正确行姿的训练方法

在地上画一条线，在直线上反复走，行走时使双脚的内侧踩在直线上。训练时应特别注意挺胸立腰，腰部不能松懈。还应注意掌握迈步要领：脚跟着地后脚掌紧接着落地，脚后跟离地时要用脚尖蹬地推送，膝部不能弯曲。

Q 知识链接

二、蹲姿

在日常生活中，有些情况下，需要用到蹲姿，比如人们在捡起掉在地上的东西或取放低处的物品时。正确的蹲姿是双腿靠紧屈膝，腰以上部位保持直立，沉臀。动作紧凑，幅度小。这样的姿态才能显得干练和优雅。

蹲是由站立的姿势转变为两腿弯曲和身体高度下降的姿势。蹲姿其实只是人们在比较特殊的情况下所采用的一种暂时性的体态。虽然是暂时性的体态，也是有讲究的。在日常生活中，人们在拾地上的东西或取低处的物品时，往往是弯腰、翘臀将其捡起。实际上这种姿势欠妥，尤其是女士，一弯腰背后的上衣就会自然上提，露出背部皮肤和内衣，很不雅观。

（一）蹲姿的标准规范

蹲姿的基本要领是：站在所取物品的旁边，蹲下屈膝，抬头挺胸，不要低头，也不要弓腰，两脚合力支撑身体，掌握好身体的重心，慢慢地把腰部放低，臀部向下，蹲下的时候要保持上身挺拔，神情自然。下蹲取物时，不能低头弓背，上身应尽量保持正直，两腿合力支撑身体，屈膝靠紧，避免滑倒或摔倒，慢慢下蹲。同时，腰背挺直，全身尽量放松。

1. 高低式蹲姿

男性一般选用高低式蹲姿。下蹲时，双腿不并排在一起，而是左脚在前，右脚稍后。左脚应完全着地，小腿基本上垂直于地面；右脚则应脚掌着地，脚跟提起。此时右膝低于左膝，右膝内侧可靠于左小腿的内侧，形成左膝高右膝低的姿态。臀部向下，以左脚为支撑身体的主要支点。

2. 交叉式蹲姿

交叉式蹲姿通常适用于女性，尤其是穿短裙的女士，显得造型优美典雅。下蹲时，右脚在前，左脚在后，右小腿垂直于地面，全脚着地，右腿在上，左腿在下，两者交叉重叠；左膝由后下方伸向右侧，左脚跟抬起，并且脚掌着地；两脚前后靠近，合力支撑身体；上身略向前倾，臀部朝下。女士在下蹲时还要特别注意不要面对或者背对他人下蹲，不要双腿平行下蹲。

3. 半蹲式蹲姿

半蹲式蹲姿多于行进之中临时采用。其基本特征是身体半立半蹲，其要求是：在下蹲时，上身稍许弯下，但不宜与下肢构成直角或锐角；臀部向下而不是撅起；双膝略为弯曲，其角度根据需要可大可小，但一般均应为钝角；身体的重心应放在一条腿上。

4. 半跪式蹲姿

半跪式蹲姿又叫单跪式蹲姿，是一种非正式蹲姿，多用于下蹲时间较长，或为了用力方便之时。它的特征是双腿一蹲一跪，其要求是：下蹲之后，改为一腿单膝着地，臀部坐在脚跟之上，而以其脚尖着地；另一条腿则应当全脚着地，小腿垂直于地面；双膝应同时向外，双腿应尽力靠拢。

（二）女士蹲姿注意事项

女士无论采用哪种蹲姿，都要将双腿靠紧，臀部向下，上身挺直，重心下移，举止应自然、得体、大方、不造作，才能体现出蹲姿的优美。女士绝不可以双腿敞开而蹲，这是最不雅的动作。在公共场所下蹲，应尽量避开他人的视线，尽可能避免后背或正面朝人。站在所取物品旁边，不要低头、弓背，要膝盖并拢，两腿合力支撑身体，慢慢地把腰部低下去取。

第三节　握手与问候礼仪

握手礼是人际交往礼仪中最常用的动作问候礼节。初次见面、朋友重逢、会谈结束、谈判成功、告辞、颁奖、赠送礼品，等等，都可以用握手礼来表达对对方的友好、谢意、祝贺、信任和尊敬。问候，也就是问好、打招呼。就是在和别人相见时，以语言或动作向对方致意的一种方式，根据达尔文的理论我们每天重复多次的某些问候语和一些非语言表达方式都是出自本能的表现。心理学家彼得·科利对此也做过论述："在长期的社会文化发展过程中，人类的问候方式逐渐形成两大类：一种是表达敬意；另一种是在同等地位的人之间传达友情。"

一、握手礼的起源

握手起源于远古的摸手礼，据说原始人为了说明手中没有武器，表示友好，就会伸出右手，并且让双方摸一下。握手是一种礼仪，一般来说，握手往往表示友好，是一种交流，可以沟通原本有隔阂的情感；可以加深双方的理解、信任；可以表示一方的尊敬、景仰、祝贺、鼓励；也能传达出一些人的淡漠、敷衍、逢迎、虚假、傲慢。团体领袖、国家元首之间的握手则往往象征着合作、和解、和平。现代人的握手礼表示致意、亲近、友好、道别、祝贺、感谢、慰问、鼓励的意思。

二、握手方式

握手时两人相距一步站立，上身稍前倾，伸出右手（不能用左手），拇指向上伸开，四指并拢，掌心向左，高低基本与对方腰部上方齐平，握住对方之手，要求用右手和对方右手掌相握。左手自然下垂，上身稍向前倾15°～30°，时间一般以3～5秒为宜。握手时要精神集中，目视对方面部，面带微笑。

双手相握。双手相握意味着更尊重、亲切、有求于人，是向对方表示他是完全诚实可信的，因为把双手都交给了对方。一些政治家经常使用这种方式，特别是在寻求支持的时候。

右手相握，左手扶对方右臂。这种方式表示非常亲密，通常在亲人或要好的朋友之间才使用，一般人不可贸然使用。

如果对方是长辈、上级或女士，则应用力稍小。与晚辈或下级握手可适当用力，这样会给对方以一种信任的感觉。

握住手后，可上下稍微晃动两三下，不要左右猛摇，也不要时间过长。握手的力度要适中，如果两个人比较熟悉或久别重逢，力度可以大些，时间也可长些。

在握手的同时，还可说一些客套语，如"您好""认识您很高兴"等。当知道对方受到表彰或有喜事时说"恭喜您""祝贺您"等表示祝贺；欢迎客人时，可说"欢迎您""欢迎光临指导"；送客时，可说"祝你一路顺风"等，表示祝福。

三、握手次序

握手次序与介绍次序类似。要把握尊者优先和女士优先的原则，将主动权让给尊者和女士。一般的握手次序是：上级、长辈、女士。即先上后下，先长后幼，先女后男。具体来说，在上下级之间，一般由上级先伸手，下级再相握；长辈与晚辈之间，应是长辈主动先伸手，晚辈立即伸手回握；在男性与女性之间，应由女士先大方地伸手，男士有礼貌地响应。当一个人要与两个以上的人握手时，也应按上述次序进行。在工作场合，一般根据职务、职级决定优先伸手的顺序。

需要注意的是，每个人的身份是随着情境的变化而有所改变的，如某人在单位是处长，在家里可能是弟弟；某人在公司是总经理，在家里是儿子或丈夫或父亲。这时，握手的次序应随着情境的变化而改变。例如，在办公室时是领导优先，在家族聚会、婚丧酒宴时应长辈优先，在同学朋友聚会、舞会和一般公共场合时则应女士优先。在表示特别感谢、祝贺、慰问的特殊场合，下级、晚辈、男士也可以先伸手。

Q 知识链接

G 案例讨论

四、问候礼仪

说到问候礼仪，首先应当注意的是问候内容。问候的具体内容直接影响了对方的感受和问候带来的好感度。问候内容主要分为两种，分别适用于不同的场合之中。

一是直接式。直接式问候直接以问好作为问候的主要内容。它适用于正式的交往场合，特别是在初次接触的陌生环境及社交场合，如"您好""大家好""早上好"等。

二是间接式。间接式问候以某些约定俗成的问候语，或者在当时条件下可以引起的话题作为问候的主要内容，主要适用于非正式、熟人之间的交往。比如，"最近过得怎样""忙什么呢""您去哪里"等来替代直接式问好。

问候态度往往表现在自身的神态细节和表情当中，问候态度的真诚与否也是能够直接被对方感知到的。问候是为了表达对对方的尊重，在态度上要主动、热情、大方。在向他人问候时，要表现得热情、友好、真诚，当别人首先问候自己之后，要立即予以回应。问候的时候，要面带微笑，与他人有正面的视觉交流，要做到眼到、口到、意到。

问候仪态主要是指见面问候时的一些肢体动作等。一般情况下见面的时候会带以微笑、点头和握手等动作。在世界上不同的国家，人们在相互问候时也有不同的问候礼仪。例如，泰国人互相打招呼时双手合十，状似祷告，男士双手在额前，女士双手在胸前；日本人见面打招呼多以鞠躬为礼，一般人们相互之间是行30°或45°的鞠躬礼；马来西亚人相见后，先摩擦对方的手心，再行合十礼，然后摸一下自己的心窝，再相互祝福；印度人相互见面的礼节，有合掌、举手示意、拥抱、摸脚、吻脚等；西班牙人相互问候时，男士以握手和拥抱来表示，女士则相互施吻面礼，吻面礼在亲朋好友之间也通行。

在较为公开和正式的场合下还应当注意一些问候对象的先后次序问题。一对一即两人之间的问候，通常是"位低者先问候"，即身份较低者或年轻者应当首先问候身份较高者或年长者。如果同时遇到多人，特别在正式会面的时候，既可以笼统地加以问候，比如"大家好"，也可以逐个加以问候。问候时由"尊"而"卑"、由"长"而"幼"地依次而行，也可以根据当下环境的距离由"近"而"远"依次而行。

🔍 知识链接

五、致意礼仪

致意是用语言或行为向别人问好，表示自己的问候之意。致意是商务活动中最简单、最常见的礼仪，包括见面注目、问好、点头、微笑、举手、欠身、脱帽等。已经相识的友人在相距较远或不宜多谈的场合用无声的动作相互表示友好与尊重时，常采用致意礼仪。致意的方式有以下几种：

一是点头致意。即在公共场合用微微点头表示礼貌的一种方式。在一些公共场合遇到领导、长辈，一般不宜主动握手，而应采用点头致意的方式，这样既不失礼，又可以避免尴尬。和交往不深的人见面，或者遇到陌生人又不想主动接触，可以通过点头致意的方式，表示友好和礼貌。在一些不宜握手的场合或者两人距离较远时，也可以采用点头致意的方式表达问候。

二是鼓掌致意。鼓掌致意是在热烈、隆重的气氛中，是表示欢迎、赞成、感谢的一种礼节。规范的鼓掌是左手手指并拢，手掌自然伸直，掌心向内或向上，拇指自然松开，右手手指并拢，用右手手指击打左手掌心。但注意不要五指分开鼓掌。

三是举手致意。举手致意一般用来向他人表示问候。举手致意要伸开手掌，掌心向外，面向对方，指尖向上。当看见熟人又无暇分身的时候，举手致意也是一种常见的方式。

👤 同步自测

第四节 体态语与手势语

在日常交际中，人们在用口头语交际的同时，还经常伴随着各种面部表情和肢体动作等非语言的交际。学术界把人的面部表情、身体姿势、肢体动作和体位变化等构成的系统称为"体态语"。手势语是体态语中最为重要的一种。尽管各个国家语言和文化背景不同，但人们在日常生活中都经常会使用到手势语。

一、体态语的基本礼仪

体态语是通过人的表情、动作和身体姿势等独自或配合有声语言传递相关信息的一种语言形式。因肢体动作比有声语言要简单，体态语伴随着人类最初的交往就已经产生了，比有声语言要早得多。体态语包括手语、手势语、目光语、微笑语、姿势语等。达·芬奇说："从仪态了解人的内心世界，把握人的本来面目，往往具有相当的准确性与可靠性。"

社会心理学家认为在交际过程中，35%的信息通过言语传递，65%的信息由非言语（体态语、副语言）来传递，体态语的交流作用可略窥一斑。人们常在不知不觉的情况下把内心的感受通过面部表情、身体动作等表现出来。体态语表述的内容是丰富复杂的，通过观察体态语可以直观、形象、真实可信地了解一个人的思想情感、精神面貌和行为修养等。

体态语礼仪是指在商务活动中，商务人员的表情、动作、姿态等所要遵循的礼仪规范。正确运用体态语，讲究体态语礼仪，使一举手一投足都有内在的根据和清楚的用意，这样才能更好地辅助有声语言，发挥体态语的表达和交流作用，能给公关人员的信息传递起到意想不到的效果，可以大大提高人际交往的影响力和感染力。

商务人员体态语礼仪的基本要求如下：首先要正确理解体态语，把握体态语，尤其是在公共场合，更应该使自己的体态语显得热情、友好。其次，公关人员的体态语要自然，不能太做作。体态语要与口语协调一致，什么样的谈话内容应该配什么样的体态语，两者不能脱节，更不能相反。再次，体态语不可以随便，应善于控制不良的动作表情和声调的运用，收敛不雅观的姿态。例如，站立时身斜体歪、倚墙靠桌、双手叉腰，坐着时手扶椅背、跷二郎腿等在正式场合都要杜绝。

二、身体语

身体语是指通过坐、立等姿势的变化表达语言信息的体态语。身体语可表达自信、乐观、豁达、庄重、矜持、积极向上、感兴趣、尊敬等或与其相反的语义。人的动作与姿态是人的思想感情和文化教养的外在体现。

（一）感谢

在一般的场合，可用点头来表示感谢。在比较庄重的场合，可用鞠躬来表达谢意。鞠躬的"深度"与致谢的程度有关，感谢的程度越重，躬身的深度越大。表示感谢还可用双手握住对方的手，或者再上下晃几下，晃的程度越大，感谢的程度越重。还可以用双手在胸前抱拳或合十，前后晃动几下表示感谢。

（二）道歉

如果是礼节性的道歉可以点点头、欠欠身，或招招手。向师长道歉时，要郑重地点点头，用欠身或鞠躬来表示。

🔍 知识链接

三、手势语

手势语是通过手和手指活动来传达信息，从而直观地表现人们的心理状态，它包括握手、招手、摇头、挥手和手指动作等。手势语可以表达友好、祝贺、欢迎、惜别、不同意、为难等多种语义。

（一）手势语的规范

手势语，即通过手所表达的公关语言信息。手势语也是一种表现力很强的体态语，比如向上跷起拇指表示赞同；手掌往前推表示拒绝；紧握拳头表示力量；张开双手表示欢迎；高举双臂表示胜利；双手在胸前交叉抱住表示自信和进取等。手势的巧妙运用有助于公关人员进行清楚、生动的表达。

手势语礼仪首先要求自然得体。手势语配合有声语言，手指自然并拢，手伸直，掌心向内或向上，拇指自然松开，手腕伸直，肘关节自然弯曲。手势上界不要超过对方视线，下界不低于胸部，左右摆动应在胸前或右方进行。具体到为别人做介绍、请人做事时，手指要自然并拢，掌心向上，以肘关节为轴，指示方向时，上身同时稍微前倾，这样显得诚实、恭敬、彬彬有礼。

其次，手势必须发自内心，要和说话内容、脸部表情默契配合，做到自然灵活、恰到好处。与谈话内容不符的或多余的手势，反而会给人留下夸张做作、缺乏涵养的感觉。

最后，手势宜少不宜多、宜简不宜繁。同一手势不宜多次重复，以免使人感到单调、厌烦；手势动作幅度不宜过大，越接近对方，手势就越应该放慢。在任何场合，都不可以用手指点他人的鼻子和眼睛。

（二）手势语的含义

1. "O" 形手势

"O" 形手势即圆圈手势，19世纪流行于美国，其表示"OK"的含义在所有讲英语的国家是众所周知的。但在法国，"O" 形手势代表"零"或"没有"；在日本，代表"钱"；在中国，这个手势通常表示"零"。

2. 跷大拇指手势

在英国、澳大利亚、新西兰等国，跷大拇指代表搭车，但如果大拇指急剧上翘，则是侮辱人的信号；在表示数字时，他们用大拇指表示5。在中国，跷大拇指是积极的信号，通常是指高度的赞扬。

3. "V" 形手势

第二次世界大战期间，英国首相温斯顿·丘吉尔推广了"V" 形手势，表示胜利，非洲大多数国家也如此。但如果手心向内，在澳大利亚、新西兰、英国等国则是一种侮辱人的信号。在欧洲各地也表示数字2。

4. 背手

走路时昂首挺胸、手背于身后，既可以表示权威、自信，但有时也会传递出狂妄的人体信号。将手背于后还可起到一定的"镇定"作用，使人感到坦然自若，赋予使用者某种胆量和权威。

（三）常用手势语

1. 拿取物品

除拇指之外，其他四指要并拢才会使整个拿取物品的动作显得优美，尤其是喝咖啡或参加酒会时，要特别注意拿咖啡杯和酒杯的方法。喝咖啡时，一般应左手托住碟子，右手拿住杯子，注意以拇指、食指、中指拿住杯子，其他两指轻轻并拢。酒杯的拿法与此类似。

2. 递、接物品

左右对称的动作会自然地给人以安全感和安定感，所以人们强调递东西给别人时要用双手，这种动作不仅优美，而且还包含着一份敬意。递东西给别人时要充分为对方着想，如递名片时要将名字顺着向着对方，递书时要将书名向着对方，以便对方看清楚，递剪刀之类的尖锐物品时要将尖锐的头向着自己这边。接物品时一定要用双手。

3. 指示方向

指示方向时将五指自然伸直，掌心向上，肘关节可伸直，也可略有弯度。切忌手掌紧握，食指伸出，这种手势语的含义是指责和压制。也不能手心向下，这种手势语的含义是命令和强制。

4. 握手

与人握手时，应上身稍稍前倾，两脚开立，伸出右手，距受礼者约一步距离，右臂平伸，掌心向左，四指并拢，拇指张开，双方以掌心相握，握手时手上下摆动，而不左右摇动，这是最为普遍稳妥的握手方式。

5. 鼓掌

正确的鼓掌姿势是：用并拢的右手四指，拍打左手的掌心，掌握正确的鼓掌姿势会让我们的掌声响得更有节奏。

优雅的手势能帮助我们更好地表情达意，但在使用过程中，我们必须注意一些基本事项。如与人交谈时，手势不宜过多，动作幅度不宜过大，否则会给人以手舞足蹈的印象，效果就适得其反了。在不了解对方的风俗习惯和手势语言的情况下，千万不能乱用手势。

四、聆听礼仪

（一）聆听的重要性

认真聆听表现为尊重对方，给对方以信心，使其得到心理满足。对方陈述越多，可引发共鸣的机会增多，透露的资讯就越齐全。得到的资讯越多，越容易对症下药，找到与自己相关利益一致的意见。同时，对方可以感觉到被理解的愉悦，从而拉近了双方心理之间的距离，产生信任。听者也可以有更多的思考时间，以便综合分析，从容应对。总之，通过聆听能够发现对方的问题和需求，能够让对方更愿意接受我们，从而能够更有效地沟通。

（二）聆听的方式

聆听是根据对方陈述的内容、语气以及环境的变化，相应地运用态度、动作及简练的语言等，使对方受到某种启发而愿意继续陈述的一种沟通方式，主要有以下三种方法：一是鼓励法。让对方感觉到听者很有兴趣，促使对方继续说出更多有用的信息。二是共鸣法。让对方感觉得到理解，听者能体会、关心他的感受，从而增强信任感，愿意说出一些更重要的信息。三是目标法。插入引子，有技巧地引导对方重点述说你所需要的信息。

（三）聆听的技巧

1. 距离要拉近

空间距离的接近会使交谈更友好、更具建设性、更能增进彼此的感情。保持合适的距离，身体微微前倾，面对客户，手自然交叉于膝上或轻抚椅子的扶手。

2. 目光要接触对方

目光接触对方既能集中自己的注意力，又能联络感情，同时还表明了你的诚意、直率和胸怀坦荡。微笑注视对方，如果是同性则注视其两眼及眉眼之间，是异性则注视其鼻尖，每过一段时间，目光暂时离开一下，保持眼神互动。

3. 认真记录、做好总结

按照自己的理解把对方说的话复述一遍，确保你能听懂他的意思。最好要有做笔记的习惯，做好记录。充分理解客户陈述的内容，归纳总结，再适时回答。

（四）有效倾听的准则

1. 不要打断对方讲话

打断对方讲话是交谈中一个普遍存在的问题。如果这么做，一定要注意对方的反应，通常这都是很不妥的做法。打断对方的讲话意味着你对人家观点的轻视，或者表明你没有耐心听人家讲话。只有当需要对方就某一点进行澄清时，你才可以打断对方。例如，当听到对方进行自我介绍时，如果对方的名字听起来很拗口，这时才可以询问具体是哪个字，为了减少打断别人讲话可能造成的负面影响，最好用"对不起"来开始。

2. 不要让自己的思绪偏离

影响有效倾听的另一个普遍性问题是思绪发生偏离。因为大多数人听话的接收速度通常是讲话速度的四倍，经常是一个人一句话还未说完，但听者已经明白他讲话的内容是什么。所以，这样就容易导致听者在对方讲话时思绪产生偏离。

需要特别注意的是：首先，专注于对方的非言语表达行为，以求增强对其所讲内容的了解，力求领会对方所有预想传达的信息。其次，克制自己，避免精神涣散。即使对方讲话的腔调、举止和脾性有可能转移听者的注意力，也应该努力抵制这些因素的干扰，集中听讲，尽力不去关注对方是用什么腔调讲的，或是举止如何，而应专注其中的内容，做到这一点甚至比使分散的思绪重新集中起来更困难。从这个意义上讲，聆听讲话是一项并不简单的工作，它需要很强的自我约束能力。也有一种情况，有时为了迎合对方假装附和，口头上讲一些表示积极应和的话，比如"我明白""真有趣""是的，是的"，但如果并没有认真听对方讲话，有时也难免会闹出一些笑话。

3. 要表现出感兴趣

听者的注意力应集中在对方的各种语气、语调表现和话语中的内涵上，而不应集中在孤立的语句上。为了向对方表明你在认真地听他讲话，希望他就有关问题进一步澄清，或是希望得到更多的信息，可以不时地用"嗯、哦"来表达共识，从而能鼓舞对方继续讲下去。相反，如果一边听一边手脚不闲、打哈欠，或用不适宜的声音附和，肯定会使对方感到你对他的讲话不感兴趣，从而导致谈话的中断，影响相互之间的交流和沟通。

4. 及时回应反馈

为了理解对方讲话的内容，应将这些内容做出概括总结，这是回应反馈的一个重要方面。它不仅表明你的确在认真地听对方说话，也可以让对方检查正误，为对方提供了一个帮助你澄清可能的误解的机会。对于一些不能肯定的地方，也可以通过直接提问的方式来寻求得到对方的澄清。此外，主动提问还有获取信息和引导谈话的作用。

CHAPTER4

第四章

餐饮礼仪

中国自古就是礼仪之邦，饮食文化源远流长。在这讲究民以食为天的国度里，饮食礼仪成了饮食文化的一个重要部分。受到传统文化的影响，中式餐饮中的不少礼仪细节与礼制教化有相当大的关联，最典型的就有位次尊卑、食不言语等风俗习惯。可见中餐礼仪已贯穿在人们整个饮食文化中，演变为包含伦理、道德、和谐的饮食文化，成为中华传统文化的重要组成部分。

第一节　中餐礼仪

中国的宴请礼仪始于周朝，千百年的演进使其成为今日大家都普遍接受的一套饮食进餐礼仪，是古代饮食礼制的继承和发展。虽然当代的中餐饮食礼节已不受繁缛糟粕的礼教束缚，但它仍是饮膳宴筵方面的社会规范与典章制度，餐饮文化中的文明教养与交际准则，也是赴宴人和东道主的仪表、风度、神态、气质的生动体现。

一、中式宴会菜肴

宴请是社会交往中最常见的答谢活动之一。例如，联系客户、签订合同、开业典礼、举行活动等均离不开宴请。商务宴请并不像我们平时在家里吃饭那样随随便便，而是有一套严格遵守的规章要求。每一次的宴请目的、范围各不相同，根据不同的要求，每一次宴请要把握的细节也是各不相同。掌握宴请的礼仪，并且能够熟练地应用，往往能起到事半功倍的效果。

一场普通的中式宴席，通常会安排八到十道菜。在中国传统宴请礼节观念中，请客时上桌的菜肴数量十分讲究，要讲求偶数为吉利的心理习惯，因此一般均为双数，在我国某些地区，七道菜是专门用来祭奠的，绝对不能用作宴请。

宴请前菜单的选择是宴请能否顺利进行的必要条件，要考虑的原则比较多，禁忌也比较多。首先要考虑的是客人特别是主宾的饮食习惯、爱好及健康要求，有没有特殊忌讳等因素；其次宴请费用的控制，要以简洁不铺张为主要原则；最后在菜肴的选择上要考虑兼具色香味、荤素搭配、颜色搭配，以及本地餐馆特色等。

中餐在上热菜时，应从主宾对面席位的左侧上菜；上单份菜或配菜席点和小吃，要先宾后主；上全鸡、全鸭、全鱼等整形菜，头的一边要朝正主位。上菜过程中难免会要进行必要的餐桌整理，这时候应当注意，要把新上的菜摆在桌中或主宾处，将前面已上的菜肴移到副主宾一边。如果菜式太多，桌面已经没有空余空间可以放新上的菜肴，可以用大盘换小盘，在征询客人是否还需要盘中所剩不多的菜肴后，也可以及时撤离空盘和残盘。

在比较讲究的中式宴席用餐前，服务员会为每位用餐者布上一块湿毛巾。这块湿毛巾只能用来擦手，一般不用来擦脸。使用过后，应放回盘子里由服务员取走或更换。

二、中式宴会餐具

中餐的餐具主要有杯、盘、碗、碟、筷、勺、匙等。

（一）筷子

筷子是中餐最主要的餐具。使用筷子，通常必须成双使用。正确使用筷子的方法是用右手执筷，大拇指和食指捏住筷子的上端，另外三个手指自然弯曲扶住筷子，并且筷子的两端一定要对齐，暂时不用时可以把筷子整齐地搁在右侧筷架上。

用筷子取菜、用餐的时候，要注意下面几个"小"问题：一是不论筷子上是否残留有食物，都不可舔筷头。二是与人交谈时，要暂时放下筷子。切忌边说话，边随意挥动筷子。三是切勿将筷子竖插在食物上面。因为这种插法，只在祭奠死者的时候才用。四是严格遵守筷子的用途、职能。筷子只能用来夹取食物，而不得用来剔牙、挠痒或者用来夹取食物之外的东西。五是切忌使用己方筷子给他人布菜。给他人布菜最好使用公筷，没有公筷时，征得对方同意后也可以使用对方的筷子。

Ｑ 知识链接

（二）勺子

勺子的主要作用是舀取菜肴、食物。有时用筷子取食时，也可以用勺子来辅助，但尽量不要单用勺子去取菜。用勺子取食物时，不可舀取过满，以免出现汤汁溢出弄脏餐桌或衣物的尴尬场面。在舀取食物后，可以在原处"暂停"片刻，当汤汁不会再往下流时，再移取到自己碗碟中进行享用。

如若暂时不需要使用勺子，应将勺子放在碟子上，而不可把它直接放在餐桌上，或是把它放在食物上。用勺子取食物后，要立即食用或放在自己碟子里，切忌再把它倒回原处。如果汤汁太烫，不可用勺子舀来舀去，或者舀起对嘴吹食，可以先放到自己的碗里，晾凉了再吃。食物入口时，以勺子触碰唇部为宜，而不可把它塞到嘴里，或者反复吮吸、舔食。

（三）盘子

在中餐桌上，盘子是用来盛放食物的餐具，在使用方面和碗的功能略同。摆放时一般要在餐桌上保持原位，不能堆放在一起，以免看起来杂乱。

食碟，作为一种用途比较特殊的盘子，其主要作用是用来暂放从公用菜盘里取来享用的菜肴。使用食碟时，一次不要取放过多的菜肴，不要把多种菜肴堆放在一起。不吃的残渣、骨、刺不能吐在桌上、地上，而应轻轻放在食碟前端；放的时候注意不能直接吐在食碟上，而要用筷子辅助夹放到碟子旁边。若食碟放满，即可示意让服务员进行替换。

（四）水杯

水杯主要用来盛放清水、汽水、果汁、可乐等软饮料，不可拿来盛酒。使用时也不可倒扣水杯。

三、中餐的菜序

中式上菜的一般顺序为冷盘、热炒、主菜、点心、汤、主食、甜品或水果。一般从餐桌下首上菜，上完菜后通常要将新上菜肴放置到主宾面前停下，请主宾先用。对有些需要进行分食的菜肴，服务员需要先放置到餐桌上，征求客人意见是否需要分食；如需分食，也应当放置后转动一两圈，给每一位就餐者展示后，再撤下到一旁的服务操作台，分食后盛置到碗或盘里一一呈上。

若宴会上的桌数较多，则更要注意每桌上菜的同时性。上菜的方式大体上有以下几种：一是服务员把大盘菜端上，由各人自取；二是由服务员托着菜盘逐一给每位分发；三是用小碟盛放，宾客各取自用的一份。

四、餐桌上的礼仪

（一）正襟危坐

用餐时要坐端正。椅子离餐桌的距离要适中，不要过近也不要太远，要使得身子不能靠在椅子上。双脚要平稳踏地，不跷二郎腿，也不要抖动。坐姿端正可以更好地体现自己的良好形象。吃饭的时候，双手的手腕部分可轻轻地置于餐桌的边缘，手肘不可撑立于餐桌。

（二）文雅进餐

进餐时，举止要文雅，不要狼吞虎咽。每次进口的食物不可过大，应分为小块以便小口进食。在品尝已入口的食物时要细嚼慢品，最好把嘴巴闭起来，以免发出声响。

喝汤时，不要使劲地啜，不要发出"咕噜咕噜"的声音，如若汤太热，可稍候或用汤勺盛放在碗里，切勿用嘴吹食。食物或饮料一经入口，除非是骨头、鱼刺等，一般不宜再吐出来。需要处理骨刺时，不要直接外吐，可用餐巾掩嘴，用筷子取出放在自己的餐盘或备用盘里，勿放置在桌上。

口中有食物，勿张口说话。如别人问话，适值自己的口中有食物，可等食物咽下后再回话。整个进餐过程中，要热情地与同桌人员交谈，眼睛不要老盯着餐桌，显出一副贪吃相。

饮酒要留有余地，特别是烈性酒。在一般商务活动宴会上，饮酒量掌握在自己酒量的三分之一处即可。不善饮酒者，主人敬酒时，可婉言谢绝，或用淡酒、饮料代替，象征性地表示一下敬意。千万不可粗鲁劝酒，更不要硬塞酒、灌酒。商务宴会中，一般不宜猜拳行令。餐具不要用手擦，也不应边吸烟、边吃菜、边饮酒。

（三）热情交谈

在用餐的时候，主宾双方致辞、敬酒完毕，宴会即进入比较宽松自由的阶段，大家可以互相交谈。宴会上交谈话题很多，在选择时应注意话题的大众性、趣味性和愉悦性，宜多选一些赞赏宴会和周围环境以及令主人愉悦的话题，以调节宴会气氛，避免出现冷场。需要注意的是，宴会中可以谈笑风生，但不能喧宾夺主甚至反客为主。当主人或其他宾客讲话、敬酒、介绍菜肴时，应停止进食，端坐恭听，不和旁边的人交头接耳，更不要摆弄餐具。

主办者不要一味地同自己熟识的一两个人交谈，或者只对一侧的邻座无休止地交谈，而背向另一侧邻座。如果座位离得太远而交谈不便，要避免大声说话。在冷餐会或者没有固定座位的进餐场合，要更加注意轮流与参加进餐的各位人士交谈。不能在整个宴会上坐着一声不吭，如果自己性格内向，确实不善言谈，可事前准备一些话题，以便与他人宴饮时交谈。

（四）礼貌告别

宴会结束，赴宴者起身离席时，男宾应先起身，为年长者或女士移开座椅；主宾先向主人告辞，随后是一般来宾向主人告辞；男宾先向男主人告辞后向女主人告辞，女宾则相反。从礼仪角度考虑，宴会后应在合适的时候给主人打个致谢电话，或写封感谢信。

五、用餐注意事项

（一）餐前

当步入宴会厅时，应首先与主人打招呼。同时，对其他客人，不论认不认识，都要微笑点头示意或握手问好；对长者要主动起立，让座问安；对女宾举止庄重，彬彬有礼。

入席时，应听从主人或招待人员的安排，一般宴会的主人都会早早地安排好座位。如果座位没定，应注意正对门口的座位是上座，背对门口的座位是下座。应让身份高者、年长者以及女士先入座，自己再找适当的座位坐下。

入座后坐姿端正，脚放在本人座位下，不要随意伸直或两腿不停摇晃，手肘不得靠桌沿，或将手放在邻座椅背上。入座后，不要旁若无人，也不要眼睛直盯盘中菜肴，显出迫不及待的样子，可以和同席客人轻松交谈。

入座宜从左侧进入，动作要尽量做到轻柔，轻拉椅背，缓慢入座。钥匙、手机、香烟、打火机等私人物品，应放进手提包内。脱下的长外套不可直接披在椅背上。大衣、外套等则应交给服务员放置衣帽间保管。手机最好静音或是转成震动模式。如有紧急电话需接，要离座至适当场地接听。

（二）餐中

入席后，不能立即动手取食，应等待主人举杯示意用餐开始时，客人才能开始进餐；切忌客人抢先在主人之前动筷。

用餐时应着正装，不要脱外衣，更不要中途脱外衣。用餐的动作要文雅，夹菜要文明。耐心等待菜肴转到自己面前时，再动筷子，而不能抢在邻座前面；一次夹菜不宜过多。夹菜时，要看准后一次夹走，不要夹起后又放下来回挑选，更不要用筷子在菜中翻弄，最不可取的就是夹走超过自己份数或盘中的大部分菜肴。不能只盯住自己喜欢的菜吃，也不能急忙把喜欢的菜堆在自己的盘子里。

先把菜夹放到自己的小盘里，然后再用筷子夹起放进嘴。送食物进嘴时，要小口进食，细嚼慢咽，不能大块往嘴里塞。两肘向内靠，不要向两边张开，以免碰到邻座。用餐时，如要用摆在同桌其他客人面前的调味品，应先向别人打个招呼再拿；如果太远，要委婉地请人代劳。

进餐的动作要文雅，不要把盘里的菜拨到桌上，不能把汤洒出。不要在吃饭喝饮料、喝汤时发出声响。不能一边吃东西，一边与人聊天。

（三）餐后

如果宴会还没有结束，即便已用好餐，也不能随意离席，要等主人和主宾餐毕先起身离席，其他客人才能依次离席。

用餐结束后也不能玩弄碗筷，不能让餐具发出任何声响，或者用筷子指向别人，这都是极为失礼的行为。

餐后不宜当着客人的面结账，也不宜拉拉扯扯抢着付账；如真要抢着付账，应找适当的时机悄悄地去结账。送客时，主人应提醒客人其所随身携带或是寄存的物品，并且鞠躬致意，尽量等客人完全离开视线后再返回座位。

同步自测

第二节　西餐礼仪

西餐礼仪是西餐礼节、仪式的统称，是一套约定俗成的带有浓厚的西方民族文化背景的一种饮食习俗。西餐礼仪由一系列具有西方民族特色的具体礼节构成，因此是一个表现礼貌的系统过程，是一个人内在修养和素质的外在表现，也是西方国家人际交往中的一种艺术。吃西餐讲究"4M"，即：menu，精美的菜单；mood，迷人的气氛；music，动听的音乐；manners，优雅的进餐礼节。掌握西餐礼仪知识并自觉运用也是商务人士必备的素质。在享受西餐的过程中展现出优雅知性、得体从容的气质，有助于帮助我们塑造在他人心中的良好形象。

一、西式餐具使用礼仪

（一）餐具的排列

西餐餐具的排列围绕餐盘放置，最基础的即为左叉右刀原则，且刀叉数目应与菜的道数相当，使用顺序与上菜顺序一致。食盘上方一般会放置两把匙，小匙用来吃冷饮，大匙则用来喝汤。匙的上方为一排酒杯，按照从左到右的顺序由小到大排列。除此之外，匙的左右方还会有两个餐碟，左方为面包碟，右方为黄油碟，并配有专用小刀。餐巾则一般放在汤盘或水杯里。

（二）餐具的使用

刀叉使用的基本原则是右手持刀或汤匙，左手拿叉。若西餐厅配有两把以上的刀具，应由最外面的一把依次向内取用。刀叉的拿法是轻握尾端，食指按在柄上。要注意的是，在使用过程中餐刀绝对不能沾嘴唇。汤匙则用握笔的方式拿即可。一般来说，进餐要讲究刀叉的相互配合，但若是刀叉单独使用时，感觉左手拿叉不方便，也可以暂时换右手拿叉。

刀叉的区别。在正规一点的西餐宴会上，通常讲究吃一道菜要换一副刀叉。既不可以胡拿乱用，也不可以从头至尾只用一副刀叉。享用西餐正餐时，一般出现在每位用餐者面前的餐桌上的刀叉主要有：吃黄油所用的餐刀、吃鱼所用的刀叉、吃肉所用的刀叉、吃甜品所用的刀叉，等等。它们不但形状各异，更重要的是其摆放的具体位置各不相同。

吃黄油所用的餐刀，没有与之相匹配的餐叉。它的正确位置，是横放在用餐者左手的正前方。吃鱼所用的刀叉和吃肉所用的刀叉，应当是餐刀在右、餐叉在左，分别纵向摆放在用餐者面前的餐盘两侧。餐叉的具体位置，应处于吃黄油所用餐刀的正下方。有时，在餐盘左右两侧分别摆放的刀叉会有三副之多，应当依次分别从两边由外侧向内侧取用。吃甜品所用的刀叉，应在最后使用。它们一般被横向放置在用餐者面前的餐盘的正前方。

使用刀叉时，始终右手持刀，左手持叉，一边切割，一边叉而食之。在切割食物时，不可以弄出声响。在切割食物时，要切记双肘下沉，而切勿左右开弓。被切割好的食物应刚好适合一口。切不可叉起之后，再咬着吃。另外，要注意刀叉的朝向，将餐刀临时放下时，不可刀口向外。双手同时使用刀叉时，叉齿应当朝下；右手持叉进食时，叉齿则应向上。

此外，刀叉的使用还有着较为特殊的功能。在吃体积较大的蔬菜时，可用刀叉来折叠、分切；在拿取较软的食物时，可放在叉子平面上，用刀子整理一下；临时离桌，要将刀叉以八字形摆在盘子中央示意；用餐后，要将刀叉并拢横斜放在盘内，柄向右。

知识链接

（三）餐巾的使用

餐巾的主要作用是防止弄脏衣服，兼作擦嘴及擦手用。在正式宴会上，客人需待主人先拿起餐巾，方可拿起餐巾；男士要等女宾放好餐巾后再放餐巾。

使用餐巾时，最好用双手打开，忌用来回抖动的方式打开。随后将其平铺在双膝上端的大腿上，而不要将餐巾别在领口上、皮带上或夹在衬衣的口子上，也不要用餐巾擦拭餐具或擦脸。中途离席时，需将餐巾放在椅子上；用餐完毕、即将离席时，宜将餐巾折好并将干净的一面对外，再置放在餐桌上。

二、西餐菜肴食用礼仪

西餐正餐的上菜顺序既复杂多样，又非常讲究。菜品一般由"一主六配"构成，或配七八道菜肴。餐具的使用要按上菜的顺序而有选择性地取用，吃什么菜用什么餐具，喝什么酒用什么酒杯。因此，一顿内容完整的正餐，一般要吃上一两个小时。

（一）开胃菜

开胃菜既可以是色拉，也可以是由海鲜、蔬菜组成的拼盘，如果均已切割好，用餐时即可直接拿取食用。开胃菜一般有冷头盘和热头盘之分，常见的品种有鱼子酱、鹅肝酱、熏鲑鱼、鸡尾杯、奶油鸡酥盒、蜗牛等。

（二）汤

汤大致可分为清汤、奶油汤、蔬菜汤和冷汤四类，品种有牛尾清汤、各式奶油汤、海鲜汤、美式蛤蜊汤、意式蔬菜汤、俄式罗宋汤和法式葱头汤等。

喝汤时，要用右手拇指和食指持汤匙，从汤盘靠近自己的一侧伸入汤里，向外侧将汤舀起。注意不要将汤匙盛得太满，身体也不要俯得太近。当盘内的汤剩下不多时，可以用左手将盘子内侧稍稍托起，使其外倾，用右手持汤匙舀取余汤来喝。喝汤时，不能端起盘子来喝汤；不能在喝汤时发出声音；不能将身体俯得太低；不能用嘴直接吹汤。

（三）副菜

副菜通常有水产类菜肴与蛋类、面包类、酥盒类菜肴等。因为鱼类等菜肴的肉质鲜嫩，比较容易消化，所以上菜顺序排在肉类菜肴的前面，叫法上也和肉类菜肴等主菜有区别。西餐吃鱼类菜肴讲究使用专用的调味汁，品种有鞑靼汁、荷兰汁、酒店汁、白奶油汁、大主教汁、美国汁和水手鱼汁等。吃鱼方式也与中餐不同，讲究先处理、后食用，先应将鱼从中间切开，把肉拨到两边，取掉鱼刺、鱼骨，再慢慢食用。

面包一般放在就餐者左前方的面包碟里，可在吃第一道菜时开始食用。正确的吃法是：用左手撕下一块大小合适、刚好可以一次吃下的面包，用黄油刀涂上适量黄油或果酱，再送入嘴中。不可拿起一大块面包，全部涂上黄油，用双手托着吃；不可用叉子叉着面包吃；不可用刀叉切开吃；不可把面包浸在汤内，再捞出来吃；如果是烤面包片，则不能撕开。

（四）主菜

西餐的主菜花样品种繁多，热菜中的鱼、鸡、肉等最为多见。在吃鱼时，可用餐刀将其切开，将鱼刺、鱼骨剥出后，再切成小块后食用。吃鸡时，先切下一块，用叉取食，直接上手撕扯是失礼的做法。肉菜指的是西餐的猪、牛、羊肉。平常人们所说的主菜，一般指的是猪排、羊排、牛排等肉菜，其中又以牛排为西餐中的"重中之重"。吃肉菜时，要用叉子摁住食物，用餐刀切下一小块，吃完后再切第二块。

肉类菜肴配用的调味汁，主要有西班牙汁、浓烧汁精、蘑菇汁、白尼丝汁等。禽类菜肴的原料取自鸡、鸭、鹅，最多的是鸡，可采用煮、炸、烤等烹饪方法，主要的调味汁有咖喱汁、奶油汁等。吃肉类时有两种食用方式：一是边割边吃；一是先把肉块（如牛排）切好，然后把刀子放在食盘的右侧，单用叉子取食。前者是欧洲传统吃法，后者则是美式吃法，以前者更显正式。

（五）沙拉

蔬菜类菜肴在西餐中称为沙拉，可以安排在肉类菜肴之后，也可以与肉类菜肴同时上桌。与主菜同时搭配的沙拉，称为生蔬菜沙拉，一般用生菜、番茄、黄瓜、芦笋等制作。沙拉除了蔬菜之外，还有一类是用鱼、肉、蛋类制作的，这类沙拉一般不加味汁，在进餐顺序上可以作为头盘食用。还有一些蔬菜是熟食的，如花椰菜、煮菠菜、炸土豆条。熟食的蔬菜通常是与主菜的肉食类菜肴一同摆放在餐盘中上桌，称为配菜。

（六）甜品

西餐的甜品一般会安排在主菜后食用，如蛋糕、饼干、三明治、土豆片等，可以算作是第六道菜。但从真正意义上讲，甜品包括所有主菜后的食物，如布丁、冰激凌、奶酪、水果等。吃甜品可用叉或匙，部分甜品可以用手拿着直接吃；布丁和冰淇淋等甜品，则需要用餐匙取食。

（七）水果

西餐中常配的水果有苹果、香蕉、葡萄等。吃苹果时，可将一个苹果用刀切成大小相仿的四块，然后去皮、去核，再以刀叉食用。吃香蕉时，可用刀将横放的香蕉纵向割一条线，划破表皮，再用刀叉把皮撑开，切成小块食用。正式场合一般不用手拿着整个香蕉，一边剥皮一边咬着吃。普通的草莓，可用手取食。若吃带有调味汁的草莓，则要用餐匙取食。吃葡萄时，可取一小串，一粒一粒用手剥皮后吃。葡萄皮、葡萄核要先吐入手中，再放入餐盘内。吃餐盘内不成串的单粒葡萄时，则应用餐叉辅助取食。吃菠萝时，可以先用餐刀切成小块，用餐叉取食，而不能用手拿着直接吃。

（八）热饮

在西餐中，最正规的热饮是红茶，或者什么都不加的黑咖啡。喝咖啡和茶的方式是用小茶匙搅拌放糖，搅匀后需将茶匙放回原处。喝完咖啡，就预告宴会该结束了，客人可以先开始告辞。在西餐中，饮用咖啡也大有讲究。

一是杯的持握。一般要用右手的拇指和食指握住杯耳，轻轻端起杯子，慢慢品尝。不能双手满握，也不能用手端起碟子去吸食杯子里的咖啡。用手握住杯身、杯口，托住杯底，或用手指穿过杯耳，都是不正确的持握方法。

二是碟的使用。咖啡都是盛入杯中、放在碟子上一同端上桌的。碟子的用途可用来放置咖啡匙，或接收溢出杯子的咖啡。喝咖啡时，如果离桌子近，只需端起杯子，而不要连带端起碟子；如果离桌子较远，或站立、走动时，则可用左手将杯、碟一起端起，至齐胸高，用右手持杯饮用。

三是匙的使用。咖啡匙的作用是搅拌，咖啡在加入牛奶和糖之后，用咖啡匙搅拌，使其融化。如果咖啡太热也可用咖啡匙轻轻搅动，使其变凉。除此以外，不要拿咖啡匙做其他动作。咖啡匙的使用，尤其忌讳两条：一是用匙去舀咖啡来饮用。二是把匙放在咖啡杯中。不用匙时，应将其平放在咖啡碟中。

四是饮用的量。饮用咖啡并不是多多益善。一般情况下一杯足矣，最多不应超过三杯。饮用时不能大口吞咽，更不能一饮而尽。在品尝时，需要小口细细品尝。才能显示出品位和高雅。

五是配料的添加。饮用时，可根据自己的喜好，往咖啡中适量添加牛奶、方糖之类的配料。加牛奶或咖啡伴侣时，不能弄得满桌都是。加糖时，要用专用的糖夹和糖匙去取，不要用自己的咖啡匙，或者用手直接去取。

六是取食甜点的要求。喝咖啡时，有时会备有小甜点。取食甜点时，要先放下咖啡杯，再进行品尝。需要特别注意的是，饮用咖啡时，不能一手执杯、一手持甜品，左右开弓，吃一口、喝一口交替进行。这种做法是非常不雅的。

（九）西餐的酒水搭配

在正式西餐宴会上，酒水是主角，因此十分讲究与菜肴的搭配。一般来说每吃一道菜，便要换上一种酒水。宴会上所用的酒水可以分为餐前酒、佐餐酒和餐后酒三种，而每一种又有许多种类。

餐前酒，也叫开胃酒，是在用餐之前饮用，或在吃开胃菜时饮用。作为开胃酒的有鸡尾酒、味美思、威士忌和香槟酒。

佐餐酒，是在正式用餐期间饮用的酒水。西餐的佐餐酒均为葡萄酒，而且多为干葡萄酒或半干葡萄酒。选择佐餐酒的一条重要原则是"白酒配白肉，红酒配红肉"。白肉指的是鱼肉、海鲜，红肉指的是猪、牛、羊肉，白葡萄酒配海鲜类菜，红葡萄酒配肉类、禽类菜。

餐后酒，是餐后用以助消化的酒水。常用的种类有利口酒、白兰地酒。

饮用不同的酒水，还需用不同的专用酒杯。在每位就餐者餐桌右边，餐刀的上方，一般都会横排着三四个酒水杯，从右到左分别为香槟酒杯、白葡萄酒杯、红葡萄酒杯及水杯。取用时，也要按照由外侧向内侧的顺序依次取用。

（十）西餐便餐

有时，人们也会采用西餐便餐的形式，即不把"一主六配"的菜肴点全，而是选择点前菜、主菜和甜点。要注意的是，西餐点菜时并不是由前菜开始点，而是先选择一样最想吃的主菜，再配上适合主菜的汤。同时也要考虑菜品的数量和就餐人数。

🔍 知识链接

👤 视频学习

第三节　席位安排

正式宴会，一般都事先排好桌次座位，以便宴会参加者各入其位，入席时井然有序，同时也是对客人的尊重。非正式的宴席，有时可不安排座次。按照国际惯例，桌次高低以离主桌位置远近而定，右高左低。桌数较多时，要摆桌次牌。宴会可用圆桌、方桌或长桌，一桌以上的宴会，桌子之间的距离要适中，各个座位之间的距离要相等。团体宴请中，宴桌排列一般以最前面的或居中的桌子为主桌。

一、中式宴会的桌次和席位安排

中国宴请的座次安排通常按照来宾公认的职务高低排列；主人的两边为贵宾上座，通常遵循以右为尊的惯例（注：中国传统礼仪遵循"以左为尊"的原则；国际礼仪遵循"以右为尊"的原则。在全球化大背景下，多数场合还是以右为尊）；每张桌子上的位次，以距本桌的主人远近为序，近者为上，远者次之；在餐厅宴请客人时，为防止餐厅服务人员和其他人士的干扰，一般认为远离通道的、靠墙的位置为尊位。

在不规则的场所安排座次，应遵循背靠主装饰面为尊的原则。多桌宾客时，每张桌都可以让主人或上座贵宾面门而坐；如果场所不允许每桌主人或上座贵宾都能面门而坐，则可采取另一个变通的原则：使该桌主人或上座贵宾面向主桌的主人而坐。

每桌只有一个主位。一般遵循面门为上、以右为尊的原则，主人在主位上就座，正对门里面的为主位，主位右侧分别为 1、3、5、7 号位，左侧分别为 2、4、6、8 号位，门口的为 9 号位。

中式宴会通常 8 ～ 12 人一桌，人数较多时也可以平均分成几桌。在宴会不止一桌时，要安排桌次。其具体原则是：

（1）以右为上。当餐桌分为左右时，以面门为尊，居右为上。

（2）以远为上。当餐桌距离餐厅正门有远近之分时，以距门远者为上。

（3）居中为上。多张餐桌并列时，以居于中央者为上。

（4）在桌次较多的情况下，上述排列常规往往交叉使用。

中式宴会桌次安排示例如图4-1所示。

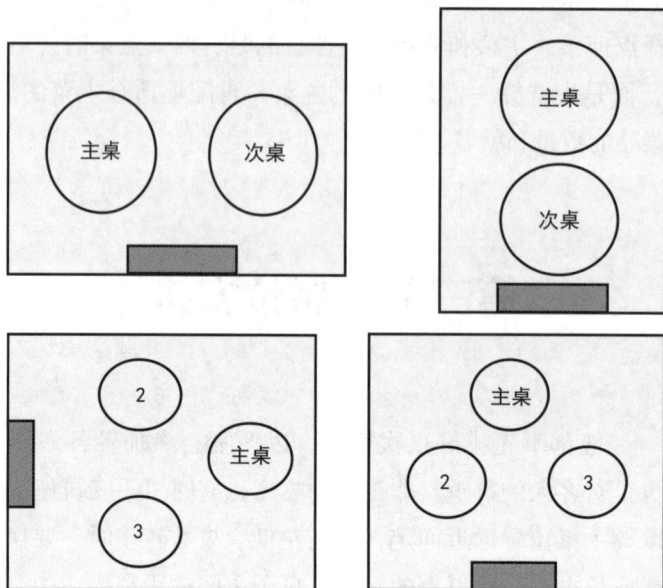

图4-1　中餐席次安排示意

中式宴会的席次安排。席次，指同一餐桌上的席位高低。排列席次的原则是：

（1）面门为上。即主人面对餐厅正门。有两位主人时，双方可相对而坐，即一人面门，一人背门。

（2）主宾居右。即主宾在主位（第一主位）右侧。

（3）好事成双。即每张餐桌人数为双数，吉庆宴会尤其如此。

（4）各桌同向。即每张餐桌的排位均大体相似。

中式宴会席位安排示例如图4-2所示。

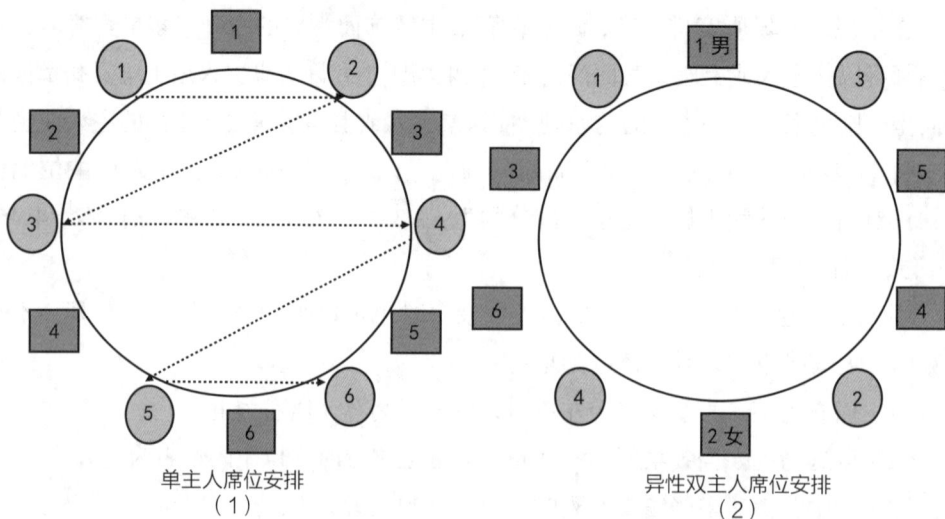

单主人席位安排
（1）

异性双主人席位安排
（2）

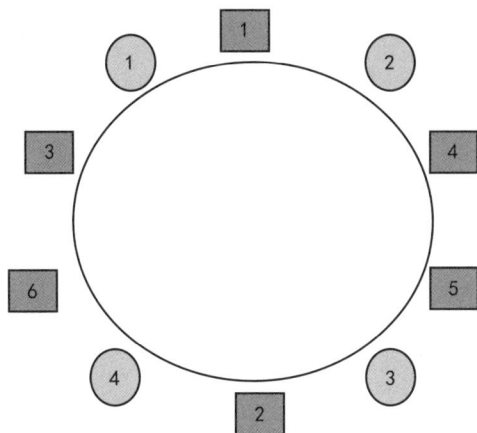

同性双主人席位安排
（3）

图 4-2 中式宴会席位安排

二、西式宴会的桌次和席位安排

西餐的餐桌有长条桌、方桌和马蹄形桌之分，经常使用的是长条桌。长条桌的座位排列通常有两种方式：一是男女主人分坐于长条桌两端；二是男女主人对坐于长条桌的中央，其他男女宾相间入座。

桌子的设置可根据参加人数的多少和场地的大小而定。正式宴会上，桌次的高低尊卑，以距离主桌位置的远近而定，越靠右的桌次越尊贵。桌次较多时，一般摆放桌次牌。若用餐人数较多，可以把长桌拼成其他图案，以便大家一起用餐。

除非极其盛大的西餐宴会，大多数情况下，西餐宴会一般不涉及桌次，因此席位安排主要是位次问题。

（一）西餐席位安排遵循的原则

在绝大多数情况下，对于西餐宴会的席位排列而言，需考虑的主要是位次问题。除了极其盛大的宴会，一般不涉及桌次。因此，我们要了解西餐席位的常规排列及其同中餐席位排列的差别。这样，就能够较好地处理具体的席位排列问题。

1. 女士优先

在西餐礼仪里，往往体现女士优先的原则。排定用餐席位时，一般女主人为第一主人，在主位就位。而男主人为第二主人，坐在第二主人的位置上。

2. 距离定位

西餐桌上席位的尊卑，是根据其距离主位的远近决定的。距主位近的位置要高于距主位远的位置。

3. 以右为尊

排定席位时，以右为尊是基本原则。就某一具体位置而言，按礼仪规范，其右侧要高于左侧之位。在西餐排席时，男主宾要排在女主人的右侧，女主宾排在男主人的右侧，按此原则，依次排列。

4. 面门为上

在餐厅内，若以餐厅门作为参照物，按礼仪的要求，面对餐厅正门的座位次序要高于背对餐厅正门的座位。

5. 交叉排列

西餐排列席位时，讲究交叉排列的原则，即男女应当交叉排列、熟人和生人也应当交叉排列。一个就餐者的对面和两侧往往是异性或不熟悉的人，这样的排列方式也有利于用餐人员广交朋友。

（二）席位的排列

西餐宴会一般使用长桌，桌子的设置可根据参加人数的多少和场地的大小而定。正式宴会上，桌次的高低尊卑以距离主桌位置的远近而定，越靠右的桌次越尊贵。桌次较多时一般摆放桌次牌。若用餐人数较多，可以把长桌拼成其他图案，以便大家一起用餐。

除非极其盛大的西餐宴会，大多情况下，西餐宴会一般不涉及桌次，席位安排主要是位次问题。西餐席位安排与中餐席位排列有所差别。西餐礼仪往往体现女士优先原则。在安排用餐席位时，一般女主人为第一主人而在主位就座，男主人作为第二主人坐在第二主人之位。

一般西餐排位要将男女宾客交叉排位，以便每一位女士都有在她左边的男士的帮助。熟人和不熟悉的人也应当交叉排列，这样一位用餐者的对面和两侧是异性或不熟悉的人，方便广泛交流。根据英式的排位顺序，一般由主人坐在桌子两端，原则上男女交叉而坐。面对餐厅正门的座位要高于背对餐厅正门的座位。就某一具体座位而言，其右侧座位要高于左侧座位。同一张桌上越靠近主人的座位越尊贵（见图4-3）。

西餐席位布置参考图4-3。

（三）入座时应注意的其他问题

客人到达自己的座位时，一般应从左侧入座。赴宴时，不可一见空位就自行坐下。高级饭店往往会由服务员引领入座。如果参加宴会，进入宴会厅之前，应先了解自己的桌次和座位，再对号入座，切忌随意乱坐。一般应听从主人安排，按给

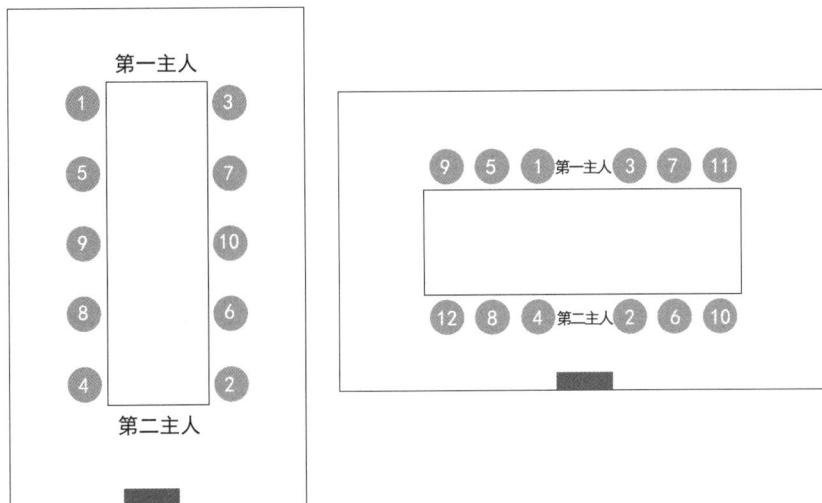

图 4-3 西餐席位布置参考

定的座位就座。中式的宴会，多采用圆桌，每桌一般会有一位主人或东道主作为代表。主人两旁的座位，一般是留给上宾或主客的，如果不是主人邀请，不宜选择这两个座位。

工作餐是一种非正式的商务宴请，对于座次的安排一般没有严格的要求，双方可自由入座。但出于礼貌，主人应等客人落座后再坐，且应把较好的座位让给客人。在餐厅用餐，当人多椅子不够用时，不可乱拉旁桌的椅子，而应请服务员协助搬取足量的椅子。

⊙ 案例分析

CHAPTER5

第五章

接待拜访礼仪

接待和拜访是生活中不可或缺的部分，是人们平时生活中重要的交际活动。不论是公务交往还是私人往来，接待和拜访都是人们在社交活动中经常采用的一种社交方式。不恰当的礼仪，容易产生不良影响，我们在日常生活中要注重接待拜访的礼仪，不要让一些不良的习惯毁了人际关系。本章的内容将围绕接待与拜访来展开，帮助你更好地掌握其中的礼仪。

第一节　商务接待礼仪

接待是指个人或单位以主人的身份招待客人，以达到某种目的的社会交往方式。无论是单位或个人在接待来访者时，都希望客人能乘兴而来，满意而归，为达到这一目的，在接待过程中就要遵守一定的工作原则，即平等、热情、友善、礼貌。在社会交往过程中，朋友不计贫富、地位高低，单位不计大小、级别，都应一视同仁、以礼相待、热情友善，只有这样才能赢得来访者的尊敬和爱戴，才能达到交流信息、交流感情、广交朋友的目的。商务接待一般建立在商业谈判或者商业合作基础上，它的礼仪规格比较高。

一、商务接待礼仪概述

（一）商务接待礼仪的内涵

商务接待礼仪是指商务接待人员在接待中应该遵守的规则。在商务活动中，企业的各个部门、各个员工的商务礼仪掌握、运用水平，随时都体现着企业的经营思想、管理水平、企业形象。所以在商务接待中，企业员工要能够根据不同的场合灵活得体地运用商务礼仪，面对客户、上司、同事以及外国客商展现出无可挑剔的职业风采，以提升企业在公众心目中的形象，取得良好的社会效应，树立起优秀的企业社会形象并得公众的信任和支持，获得客户的好感，有助于商务活动的成功。

（二）商务接待礼仪的特征

商务接待礼仪的基本特征是具有规范性、对象性、时效性和礼仪性。

1. 规范性

规范性是指商务接待中的标准化要求。在接待范围、接待礼仪、接待程序、接待安排、接待经费、接待纪律等方面都有严格规定和要求。

2. 对象性

对象性是指商务接待要区分对象，因人而异就是对象性。接待工作中经常会遇到一些特殊情况，由于来宾职务、宗教信仰、民族等方面的不同，其要求也各有差异。特别是接待重要来宾时，有时既定日程也会因来宾的要求而调整。这就要求接待人员要具备较强的应变能力，做到原则性和灵活性相结合，妥善处理好各类临时变化或突发事件。

3. 时效性

时效性是要求所有接待人员都必须守时，有较强的时间观念和超前意识，提前把活动日程告诉来宾，并做好准备工作。特别是重要接待任务经过路线、参观点、重要活动等所用的时间，必须做到准确无误。

4. 礼仪性

礼仪性是指在接待工作中接送站、领导会见、陪餐、陪同参观等都有必要的礼节。接待人员的言行举止、行走坐立、见面握手、介绍来宾都有学问。如介绍人员时，应先把当地领导介绍给首长和来宾，把年少者介绍给年长者；握手时首长或女士先伸手时才能握手，不要交叉握手或戴着手套握手；进电梯或乘车时应让领导、来宾和女士优先；在仪态上做到服装得体，化妆适度，端庄大方等。

（三）商务接待礼仪的基本理念

商务接待礼仪的基本理念包括尊重为本、善于表达和形式规范。

1. 尊重为本

具体而言，尊重为本包括自我尊重和尊重对方。自我尊重首先是自尊自爱。没有自尊的人就无法得到别人的尊重，而自尊是通过言谈举止、待人接物表现出来的。其次是尊重自己的职业。在工作中被人尊重的人都是有实力、学有所长的人。再次，要尊重自己的单位。我们有责任、有义务维护本单位的尊严和形象。

对交往对象表示尊重要做到真诚，要全方位地尊重，不能失礼于人。尊重他人可以赢得自尊。

2. 善于表达

表达尊重的方式要灵活、得体，具体通过"3A 原则"得以表现，详见后文所述。

3. 形式规范

商务接待活动有其约定俗成的行为要求，只有按照规范操作，才能取得预期的效果。

（四）商务接待礼仪的重要性

迎来送往是社会交往接待活动中最基本的形式和重要环节，是表达主人情谊、体现礼貌素养的重要方面。尤其迎接，是给客人留下良好印象的最重要的工作，给对方留下良好的第一印象，就为下一步深入接触打下了基础。

👤 同步自测

二、商务接待礼仪流程

（一）迎接宾客礼仪

迎宾，亦称迎接、迎送。它是指在人际交往中，在有约在先的情况下，由主人一方派专人，前往来访者知晓的某一处所，恭候来访者的到来。有时，东道主一方为了表示对来访重要客人的敬意，往往还会在迎宾时举行一种约定俗成的仪式，即迎宾仪式，亦称欢迎仪式。

迎来送往活动中的迎接有礼节性迎接、事务性迎接和私人或消遣性来访迎接三种。礼节性迎接一般时间较短，主人待客要热情、周到，事后还要注意"礼尚往来"；事务性迎接，一般时间略长些，主人要想方设法替客人节省时间，并尽可能地使客人满意而去；私人或消遣性来访迎接，通常伴有闲谈等，主人待客，应尽量做到轻松愉快，时间一般不宜过长。不管是迎接哪一类型的来访者，特别是应邀而来的客人，事先都应做必要准备。为了向客人表示尊重，主人还要注意修饰自己的仪表，应穿着得体。

1. 布吉尼原则（3A 原则）

布吉尼原则也称为商务礼仪的"3A 原则"，由美国学者布吉尼教授提出。3A 原则的中文表述，就是在人际交往中要接受对方（accept）、欣赏对方（appreciate）、赞美对方（admire），因为对应的英文单词都是以字母 A 开头，所以就叫作"3A 原则"。它是商务礼仪的立足资本，是向交往对象表示尊重和友善的三大途径。"3A 原则"实际上是强调在商务交往中处理人际关系最重要的、最需要注意的问题。

布吉尼原则的内容如下。

（1）接受对方（accept）

在商务交往中不能只见到物而忘掉人，要强调人的重要性，要注意人际关系的

处理，不然就会影响商务交往的效果。要宽以待人，不要为难对方，让对方难堪。比如在交谈时有"三不要"，一是不要打断对方，二是不要轻易地补充对方，三是不要随意地更正对方，因为事物的答案有时不止一个。只要不违反法律，不触犯伦理道德，不损害他人利益，总之只要不是原则性的问题，都应尽量接受对方。

（2）欣赏对方（appreciate）

要看到对方的优点，不要专找对方的缺点，更不能当众指正。欣赏对方是有技巧的：首先要善于使用尊称，正式的商务交往场合，要称呼对方的职务职称、技术职称；其次要记住对方，比如接过名片要看，忘记对方名字或者姓时，不要张冠李戴，可以点头致意。

（3）赞美对方（admire）

商务人员对交往对象应该多给予赞美和肯定，懂得欣赏别人的人实际上是在欣赏自己，你发现别人的长处，实际上就展示了自己宽以待人的美德。换言之，不懂得欣赏别人的长处，不善于发现别人的长处，甚至否认别人长处的人，往往是目中无人的人。赞美对方也有技巧：一是实事求是，不能太夸张；二是赞美对方的时候要懂得适应对方，要夸到点子上。

2. 接待宾客时的礼仪流程

（1）迎接

接待人员引导客人按时到达会见场所。主人应在会客厅门口或大楼正门迎候，如果主人不到大楼正门迎接，应由工作人员在大门处迎接客人，将客人引入会客厅。

（2）介绍

自我介绍，一般指的是主动向他人介绍自己，或是应他人的请求而对自己的情况进行一定程度的介绍。介绍的特点主要是单向性和不对称性。

自我介绍，通常需要重视以下两个方面的问题：

其一，要注意进行自我介绍的具体时间。它包括两层含义：一是进行自我介绍时，首先要在具体时间上于己于人彼此方便，这样才易于为对方所倾听；二是进行自我介绍时，一定要把握好所用时间的长度，宁短勿长，最好将一次自我介绍的时间限定在一分钟甚至半分钟以内。

其二，要注意自我介绍的主要内容。在不同的场合，所做的自我介绍在内容上理应有所差别。在商务活动中自我介绍可分为两种：一种是应酬型的自我介绍，其内容仅包括本人姓名这一项内容，多用于应付泛泛之交；另一种则是公务型的自我介绍，其内容包括本人的姓名、工作单位、所在部门、具体职务四项内容。因公进行商务交往时，宜采用后一类型的自我介绍。

为他人介绍，通常指的是由某人为彼此素不相识的双方相互介绍、引荐。其主要特点是双向性和对称性。为他人介绍时，要先了解双方是否有结识的愿望，不要贸然行事。介绍也有先后之别，应把身份低、年纪轻的介绍给身份高、年纪大的，把男士介绍给女士。介绍时，除女士和年长者外，一般应起立；但在宴会桌上、会谈桌上可不必起立，被介绍者只要微笑点头有所表示即可。

（3）握手

握手是大多数国家相互见面和离别时的礼节，人们会在相互介绍和会面时握手。在一般情况下，握一下即可，不必用力。但年轻者对年长者、身份低者对身份高者则应稍稍欠身，双手互相握住对方的手，以示尊敬。男士与女士握手时，往往只握女士的手指部分。

握手也有先后顺序，应由主人、年长者、身份高者、女士先伸手，客人、年轻者、身份低者见面先问候，待对方伸手后再握。多人同时握手致意不要交叉，待别人握完再伸手。男士在握手前应先脱下手套，摘下帽子。握手时双目注视对方微笑致意，不要看着第三者握手。

（4）交换名片

递名片给他人时，应郑重其事。最好是起身站立，走上前去，使用双手或者右手，将名片正面面对对方，交予对方。切勿以左手递交名片，不要将名片背面面对对方或是颠倒着面对对方，不要将名片举得高于胸部，不要以手指夹着名片给人。若对方是少数民族或外宾，则最好将名片上印有对方认得的文字的那一面面对对方。将名片递给对方时，口头应有所表示，可以说"请多指教""多多关照""今后保持联系""我们认识一下吧"，或是先做一下自我介绍。

当他人表示要递名片给自己或交换名片时，应立即放下手中所做的一切事情，起身站立，面带微笑，目视对方。接受名片时宜双手捧接，或以右手接过，切勿单用左手接过。接过名片，首先要看，这一点至为重要。具体而言，就是交换过名片后，当即要用半分钟左右的时间，从头至尾将其认真默读一遍。若接过他人名片后看也不看，或手头把玩，或弃之桌上，或装入衣袋，或交予他人，都算失礼。

案例讨论

若需要当场将自己的名片递过去，最好在收好对方名片后再给，不要左右开弓，一来一往同时进行。

第二节　名片使用礼仪

初次相识，或是自我介绍，往往需要互呈名片。名片是现代社交和商务活动中使用最为频繁的工具之一，同时也是当代社会最经济实惠、最通用的介绍媒介，被人称作自我的"介绍信"和社交的"联谊卡"，具有证明身份、广交朋友、联络情感、表达情谊等多种功能。此外，还可以用名片代作礼节性的拜访或表达某种感情，如祝贺、感谢、赠礼等。

商务礼仪的一个重要方面是知道如何正确交换名片，因为所有的商业接触都需要名片。一家著名的名片公司，使用了这样的警告："不带名片不要出门。"在商业交往领域，我们必须使用名片，并且还有一定的规矩。

一、商务名片的设计

名片的设计可以把一个人的审美情趣、品位和诸如雅秀、俊逸、脱俗、活泼平和、张扬等个性特征，通过方寸之间的字体、布局、颜色、材料和内容等展现出来。你的名片不仅旨在向未来的客户介绍你本人和你的公司，它还代表着你的职位及职称，更代表着你的形象。因此，一定要精心设计。

（一）设计与制作名片时的注意事项

1.尺寸要规范

名片印制中最关键的是印制质量。形状奇特的名片虽然能引人注目，但在很多钱包或名片夹里都装不下，因而不方便保存。制作名片所用纸张的质量一定要好。这样，从名片夹里取出时，不易被撕破。

名片要按规范尺寸设计并制作，我国名片的规格通常是宽5厘米，长9厘米；国际上是宽6厘米，长10厘米。名片颜色可各异，色彩一般以浅淡为好，宜用单色，如白色、浅黄、浅蓝等。名片上最好不要出现与本人从事的职业无关的图案，不要印本人的照片。纸张质地可粗可细，颜色也可各异，只要字迹清楚而且符合你的形象及行业特征即可。

双面名片对于经常出国做生意的人是很有帮助的，一面可以全用英文，另一面则使用所在国的文字。有些人在信函中附上铅印的名片，镌版印刷的名片则在亲自出示时使用或只赠予贵客。名片上的字体可横排也可竖排。总之，名片以简洁、雅致、美观为要。

有人将名片称为另一种形式的身份证，代表着一个人的身份乃至个人的形象。因此，商务人员的名片在设计与制作时应符合传统、保守、得体、规范的标准，不可过于另类和夸张。

2. 不提供私宅电话

国际礼仪中有一条很重要的交往原则，那就是尊重他人的隐私。隐私权也适用于名片的设计与制作，即不公开提供个人私宅电话。国际礼仪讲究保护个人隐私，有教养、有身份的人是不可以向他人索取私宅电话的。在国际商务往来中，特别要讲公私有别，不在自己的名片上提供私宅电话，更不可向交往对象主动索要其私宅电话。

3. 不随意涂改

有些商务人员经常性地更改自己的电话，特别是手机号码，为"节约"名片，图省事，直接在名片上涂改，十分影响名片的美观。在国际性商务往来中，非常强调名片如脸面，脸面当然是不可以任意涂改的。

（二）名片的基本内容

一张形象效果俱佳的名片应包括以下几项内容：
（1）公司标志、商标或公司的徽记；
（2）姓名、职务、公司名称；
（3）公司地址、电话号码、传真号码；
（4）若有必要，可印上其他办事处的地址；
（5）背面印上经营范围、项目等。

🔍 知识链接

二、使用名片的礼仪

国际商务交往中若拿不出名片，对方很有可能怀疑你的地位或身份的真假。一个不随身携带名片的人，也常被商界人士看成是不懂得尊重别人的人。因此，名片不仅要有，而且要经常带着，更要注意名片的使用礼仪。

👤 视频学习

（一）把握好出示名片的时机

发送名片要掌握适宜的时机，只有在确有必要时发送名片，才会令名片发挥功效。发送名片一般应选择初识之际或分别之时，不宜过早或过晚。不要在用餐、看剧、跳舞之时发送名片，也不要在大庭广众之下向多位陌生人发送名片。

商务活动中，一般在下列情况下可以发送名片。

1. 第一次见面

当你与某人第一次见面时，一般都要赠送一张名片，这是十分得体的礼仪。交换名片通常标志着第一次见面的结束。出示名片，表明你有与对方继续保持联络的意向。

2. 展会开始时

展览会或展销会开始时，销售经理与客户之间互换名片是一种传统，表示非正式的业务往来已经开始。

3. 来客拜访

刚到办公室的来客也会向接待者出示名片，以便被介绍或引荐给有关人员。等见到主人时，还应再递上一张名片。此时，商务名片实质上起到了社交名片的作用，既表明了你的身份和你的到来，还显示了你有进行业务往来的意向。

知识链接

（二）名片的存放、携带

1. 名片的存放

在国外企业中，商务人员的名片放在什么地方是很讲究的。名片绝不可乱放，通常商务人员将自己的名片放在专用的名片包里，也可放少量名片在所穿着的西装上衣内侧口袋里。作为白领女性，一般应将个人名片放在随身携带的包里，与包中的其他放物品的区域分开，最好是一伸手便可拿出来。在办公室时还可放于名片架或办公桌内。切不可随便放在钱包、裤袋之内。放置名片的位置要固定，以免需要名片时东找西寻，显得毫无准备。

2. 名片的携带

商务人员参加正式的商务活动之前，都应随身携带自己的名片，以备商务交往之用。应注意：一是足量适用。商务人员携带的名片一定要数量充足，确保够用。所带名片要分门别类，根据不同交往对象使用不同名片。二是完好无损。名片要保持干净整洁，切不可出现折皱、破烂、肮脏、污损、涂改的情况。

（三）递送名片的礼仪

商务人员在递送名片时，需掌握以下几个要点。

1. 提前准备

应事先把名片准备好，放在易于取出的地方。

2. 递送名片

向对方递送名片时，要双手呈上，用双手的大拇指和食指拿住名片上端的两个角，将名片的正面朝向对方，把文字向着对方，以便对方阅读。一边递交，一边清楚地说出自己的姓名，并面带微笑，以恭敬的态度友好地目视对方并用诚挚的语调说"这是我的名片，请多指教"或"这是我的名片，请多关照"等。切勿以左手持握名片，递交名片的整个过程应当谦逊有礼、郑重大方。

同时要掌握好递送名片的时机。初见面时递送，表示介绍、认识；谈得较为融洽时递送，显得有诚意；道别时出示名片，表示希望与对方再次见面。不同的时间，目的、效果会不一样。

3. 交换名片

双方交换名片时，通常的顺序应为位低者先把名片递交给位高者，晚辈应先把名片交给长辈。不过，假如是对方先拿出名片来，自己也无须谦让，应该大方收下，然后再拿出自己的名片来回送。同时向多人递名片时，可按由尊而卑或者由近而远的顺序，或顺时针或逆时针方向依次发送。以独立身份参加活动的来宾，都应该递送名片，切勿跳跃式进行发送，甚至遗漏其中某些人，以免使人产生厚此薄彼之感，特别忌讳向一个人重复递送名片。

4. 把握时机

初次相识，双方经介绍后，如果有名片则可取出名片送给对方。如果是事先约定好的面谈，或事先双方都有所了解，不一定忙着交换名片，可在交际结束、临别之时取出名片递给对方，以加深印象，表示愿意保持联络的诚意。

案例讨论

（四）接受名片的礼仪

接受他人名片时，应掌握以下几个要点。

1. 态度恭敬谦和

接受他人名片时，不论有多忙，都要暂停手中的一切事情，并起身站立相迎，面带微笑，眼睛要友好地注视着对方，并称"谢谢"，然后，用双手或右手将对方的名片郑重其事地接过来。如果单手也要用右手，而不得使用左手。一定要表现出自己对对方的恭敬、重视、诚恳之意。

2. 认真阅读

接过名片后，先向对方致谢，不要立即收起来，也不应随意玩弄和摆放，应捧到面前，从头至尾认真地看一遍，最好能将对方的重要信息轻声地读出来，以示敬重，看不明白的地方可以及时向对方请教。接受了对方的名片，看也不看一眼就装入口袋，或者随手扔于一边，甚至压上其他东西，都会被对方认为是一种对他的不尊重。

3. 妥善收存

接到他人名片后，应将对方的名片郑重收藏于自己的名片夹或上衣口袋里，或者办公室显著的位置，且应与本人名片区别放置。切勿将其随意乱丢乱放、乱揉乱折，或拿在手里随便摆弄，更不要装入裤子后面的口袋或交予别人，这都是对对方无礼的行为。

4. 及时回递

接受名片，妥善收好后，应随之递上自己的名片。如果自己没有名片，名片用完或者没带名片，应当先向对方表示歉意，再如实说明原因，例如，"很抱歉，我没有名片""对不起，今天我带的名片用完了"。如果接受了对方的名片，而不迅速递上自己的名片，也不说明一下原因，是非常失礼的。

另外，在交往中最忌讳用左手递送和接受名片，交换名片时也要加以注意。

（五）索要名片

依照惯例，基层人员最好不要直接开口向他人索要名片。但若想主动结识对方或者有其他原因有必要索取对方名片时，可根据时机采取下列办法：

一是互换法，即以名片换名片。在主动递上自己的名片后，对方按常理会回给自己张他的名片。如果担心对方不回送，可在递上名片时言明此意："能否有幸与您交换一下名片？以便今后联系。"这样，他如果有名片，一定会给你，如果确实没有，一般也会婉言说明。

二是暗示法，即用含蓄的语言暗示对方。例如，向尊长索要名片时可说："请问今后如何向您请教？"向平辈或晚辈表达此意时可说："请问今后怎样与您联络？"面对他人的索取，商务人员不应直接拒绝。如确有必要这么做，则需注意分寸。最好向对方表示自己的名片刚用完，或说自己忘了带名片。

知识链接

（六）熟知名片的特殊用途

在国际交往中，名片还有很多特殊作用：寄送礼物时，可将名片附在其中，赠送鲜花或花篮时，可将名片附在其上；在非正式的邀请中，可用名片代替请柬；可以用名片向亲朋好友通知本人的有关变动；拜访好友或相识的人而未相遇时，可用名片做留贴；也可用于当朋友送来礼

同步自测

品或书信时作为收条；当朋友有重要的庆典活动时，可寄一张名片附上祝贺话语作为对朋友的祝贺等。

第三节　商务拜访礼仪

拜访与聚会是最常见的社交形式，是人们联络感情、扩大信息、增进友谊、发展自身的重要交际活动。拜访又叫拜会、拜见，就是指前往他人的工作单位或住所，去会晤、探望对方，进行接触与沟通。不论是公务交往还是私人往来，拜访都是人们在社交中经常采用的一种社交方式。

一、做客的礼仪

拜访是双向性的活动。在拜访中，作为访问、做客的一方为客人，也叫来宾；作为待客、接待的一方为主人。在拜访活动中，主客双方都遵守礼仪的规范，拜访活动才能圆满成功。

Q 知识链接

在拜访、做客时，做一个深受欢迎的客人并不容易。讲究做客的礼仪，最重要的是要尊重主人，做到客随主便。

（一）事先有约

有约在先，是做客拜访礼仪中最主要的一条，就是说，去他人的工作单位和住所拜访人家，必须事先有约定，不应随时、随意不邀而至，成为打扰对方工作和生活计划的不速之客。在拜访时事先有约，既反映了个人的修养，也体现了对主人的尊重。

同步自测

约定时间和地点，应以主人方便为前提，主人提出的方案应予以优先考虑。如一般情况下，进行家庭拜访，时间最好安排在节假日的下午或晚上，尽量避开可能的吃饭时间和休息时间。晚上拜访也不宜太晚，以免影响主人休息。

还要注意约定人数，尤其在公务拜访中，要约定参加的人员和身份。一经约定，就不要随意变动，尤其是主要成员，否则会令主人方打乱计划和安排，影响拜访的效果。

（二）做好准备

拜访都有一定的目的性，需要商量什么事情，拟请对方做哪些工作，自己需要做些什么准备，如何同对方交谈，等等，事先都应做认真的设想和安排。正式拜访前，要准备好自己的服饰，注意仪容仪表。参加正式的活动，要着正式的服装，以表示对主人的尊重。拜访对方或看望亲朋好友，如需要带上适当的礼品，也要事先做好准备，以免"临时抱佛脚"。

（三）遵守时约

约定拜访时间和人员后，务必认真遵守，不可轻易变更。如果万一有特殊原因不能按时赴约或要取消拜访时，一定要尽快打电话通知对方，千万不要让对方空等。当与对方见面时，要再次表示歉意。

拜访对方，最好要准时到达。既不要早到，让主人还没有做好准备，措手不及；也不要晚到，让主人空等，浪费很多时间。

（四）上门有礼

拜访他人时，不论是办公室还是住所，进门之前都要先敲门或按门铃。敲门的声音不要太大，轻敲两三下即可；按门铃的时间不要太长，响两三声即可。要等有人应声允许进入或主人出来迎接时方可进去。不可不打招呼就推门而入，即使门是开着的，也要以其他方式让主人知道有人来访，待主人允许后进入。

与主人相见，要主动向主人问好，并同主人握手为礼。如果双方初次见面，还应对自己略做自我介绍。对主人的同事、亲属，应主动打招呼、问好。不能视而不见，不理不睬。如有礼品，可适时向主人奉上，不要道别时再说。

进门之后，要脱下外套，摘下帽子、手套，同随身带的物品一起搁放到主人指定的地方，不要随意乱搁乱放。如需要应换上拖鞋并将自己的鞋放整齐。

进入房间时，要主动跟随在主人之后，而不要走在主人之前。入座时，不要自己找座位，而要根据主人的邀请，坐在主人指定的座位上。如拜访对象是长者或身份高者，应待主人坐下或招呼坐下后再入座，不要抢先坐下。

如果拜访他人时，主人开门后未邀请入室，就不要擅自行事；如果入门后，主人没请你脱下外衣或入座，通常表示主人没打算留客，自己来得不合时宜，此时，应简短说明来意后即告辞，不要好奇地向室内窥视。

（五）做客有方

拜访时，态度要诚恳大方，言谈要得体，不要颠三倒四、不得要领。要尽快接触实质性问题，讨论主题，不要让客气话、开场白占去太多的时间。拜访都是有目的的，所以要紧紧围绕拜会的主题争取达到满意的目的和效果。除了拜访者主动交谈外，还要注意主人的态度、情绪和反应，注意尊重主人，把握好交谈的技巧。

做客中，还要注意自己的行为举止应符合礼仪的要求。如坐姿要端正、文雅，不要东倒西歪；主人倒茶时，应从座位上欠身，双手捧接，并道："谢谢！"主人端上水果、小吃时，应等年长者取用后再取；吸烟者要尽量克制。

（六）适时告辞

在同主人交谈的过程中，如果发现主人心不在焉，或有其他事情，或已到约定时间，应主动告辞，适可而止。通常一般性的拜访不要超过一个小时，初次拜访，不要超过半个小时为好。

提出告辞后，就要态度坚决，不要犹豫，不要"走了"说过几次，却迟迟不动。即使主人有意挽留，也应坚持离去，不要再拖延时间。出门以后，就应主动请主人"留步"并握手告别，表示感谢。

知识链接

二、待客的礼仪

礼貌待客是中华民族的传统美德，维护和发扬这一传统，就不得不习待客之道。讲究待客的礼仪，最重要的就是要待客以礼，做到主随客便。

（一）认真准备

如果已经约定好客人来访，就要提前做好各方面的准备。如搞好室内卫生，摆放好室内物品，创造一个良好的待客环境；注意个人的仪容和着装，要干净、整洁；要准备好待客的物品：茶水、果品、小吃等。让客人有"宾至如归"的感觉。根据需要，还可做膳食、住宿和交通工具的准备。接待客人切忌主人衣着不整，蓬头垢面或室内乱七八糟、让客人难以落座。

（二）热情迎接

对于来访的客人，主人可根据需要亲自或派人在大门口、楼下、办公室或住所门外迎接。对常来常往的客人，一旦得知对方抵达，应立即起身，相迎于门外。与客人相见，均应热情地同客人握手、问候并表示欢迎。如同事、家人或其他客人在场，主人也应予以相互介绍。

进入房间后，主人要主动帮助客人脱下外衣、帽子，并挂好。然后引导客人就座。主人应把"上座"留给客人就座，同时，为了表示对客人的尊重，应请客人先行入座。

（三）以礼待客

对待客人要主动、热情、周到、善解人意。有客人在，客人就是最重要的，要分清主次，一心一意地对待客人，不要冷落客人。同客人交谈要精力集中、表现出浓厚的兴趣，不要表现得心不在焉。要热情地招待客人，敬茶、递烟、送水果。茶水要浓度适中，量度适宜，倒茶不要过满，一般七八成满较合适。端茶时，应用双手，一手握杯柄，一手托底。对各位客人都要一视同仁，做到热情、平等相待。

（四）礼貌送客

当客人提出告辞时，主人应真诚挽留。如客人执意要走，主人应尊重客人意见。不要在客人未起身前，主人先起身相送，也不要主动先伸手与客人握手告别，让人感觉有厌客之嫌。

送客人，要送到室外或电梯门口，重要的客人要送到大门口、楼下或其乘坐的车辆驶离之处。对远方的客人，还要送到机场、车站等地方，等客人乘坐的交通工具启动后再离去。

同客人告别时，要与之握手，对其来访表示感谢并道"再见"。客人离去时，要挥手致意，目送客人远去。

视频学习

视频学习

第四节　商务馈赠礼仪

赠送礼品是现代商务活动的内容之一，在很多商务场合，礼物是友情的使者，是文化符号。如何做到礼物的赠送恰到好处，让商务人员的交往更加顺畅，为交往营造一个和谐的氛围，是馈赠礼仪的重要内容。

一、馈赠礼仪

馈赠，就是指人们为了向其他人表达某种个人意愿，而将某种物品不求报偿地送给对方。馈赠也可以叫作赠送。馈赠礼品是人们在社会交往中经常遇到的情况。馈赠不仅是一种礼节形式，更是人与人之间诚心相待、表达尊重和友情的见证。因此，成功的馈赠可以恰到好处地向受赠者表达自己的友好、尊敬和某种特殊的情感，同时也能使对方满意、高兴，从而增进相互之间的感情和友谊。不论是商业礼物还是个人礼物，都能巩固及联络友情。

二、馈赠的目的

表达祝福或感谢朋友的礼物通常用在以下场合：朋友结婚、生子、重病初愈或者庆祝一个重要的周年庆；感谢他人提供给你的生意建议；祝福他人把工作做得更好；等等。

商业礼物通常用在以下场合：用来给顾客和有潜力的客户作为促销品，作为企业的公关产品，这些场合中即使是价格较低的免费赠品，也绝不容许草率而破坏公司的良好形象。常见的公司礼物有：年历、名片盒、帽子、信用卡盒、手帕、围巾等。印有公司标志的礼物有：年历、议事单、高尔夫球等，公司的标志应该小而不抢眼，以免商业味道太浓。

三、礼品的选择

让礼物既能表达自己对对方的心意，又能为对方所用，"送礼得当"是关键。在礼品的选择上，不讲章法，敷衍了事，采取随意的态度，则不可能使馈赠取得成功。

最好的礼物是能让对方得到最意外的惊喜的礼物；可以展现文化品位；当然也不能超出预算。因此选择礼品要注意三个要点。

（一）注意真情

人们在选择礼品时，都是将其看作友情和敬意的物化，通过送礼品表达对对方的情谊和尊重。礼品如果能融进和体现送礼人的情感，就是最好的礼品。送礼不是为了满足某个人的欲望，也不是为了显示本人的富有，而是为了表达祝贺、感谢、慰问、友好的情感，常言道"礼轻情意重"，就是这个道理。真正好的礼品不是用价格可以衡量的，人们送礼的心意是重于礼品本身的价值。所以在选择礼品时，不能只着眼于礼品的价值，更要着眼于礼品所代表的情感和心意。

（二）因人而异

所谓"宝剑赠侠士，红粉赠佳人"，送礼一定要看对象。比如，给学生送文具；给老师送书籍；给朋友的新居落成送字画。不论是国际交流还是国内交往，是正式活动还是私人应酬，交往对象因国家、民族不同，年龄、性别、职业、兴趣各异，在选择礼品时，务必要根据不同的对象选择不同的礼品、满足不同的需要。

一是要根据双方不同的关系。选择赠送的礼品时，不考虑自己与受赠者之间的关系是绝对不行的。是公务交往，还是私人应酬；是新朋还是老友；是同性还是异性；是中国人还是外国人；是商务往来还是文化交流，不同的关系要选择不同的礼品。比如，许多国家认为红玫瑰是情人间的礼物，是表达爱情的，送一枝红玫瑰给自己的夫人或者女朋友，可以表达浓浓的爱意，但如果把它送给一位普通关系的异性朋友，就会造成误会。

二是要根据对方的兴趣爱好，投其所好。选择礼品，要站在受赠者的立场，为受赠者考虑。如果礼品适合受赠者的兴趣和爱好，它的作用就会倍增。否则就有可能成为用之无处、弃之可惜，让人头疼的包袱。

三是要根据不同的目的。选择的礼品是用于迎接客人，还是告别远行；是慰问看望，还是祝贺感谢；是良辰节假，还是婚丧喜庆；等等。目的不同，用途不同，选择的礼品也大不相同。

（三）尊重禁忌

礼品选择不当是馈赠礼品的最大禁忌。由于受各国的历史、文化、风俗和习惯的影响，再加上社会与宗教的压力，不同国家和地区对同样的物品会有不同的联想和理解。

一是要尊重由于风俗习惯、民族差异和宗教信仰等形成的禁忌。选择礼品不要凭自己的"想当然"办事，要自觉地、有意识地避开对方的礼品禁忌，注意礼品的品种、色彩、图案、形状、数目和包装，等等。比如，在欧洲参加舞会，绝不能给女主人送去一束鲜嫩的菊花；在我国，绝不能把一台崭新的台钟送给老年人。因为在当地的文化背景下，这两个礼品的寓意是一样的，都会使人联想到死亡。

二是要尊重个人的禁忌。每个人由于经历、兴趣和习惯不同，可能形成个人的禁忌。选择礼品时，也要注意了解受礼对象的个人忌讳。

三是要遵守国家的有关规定，不能选择违法违规的物品作为礼品。许多国家对公务人员接受礼品做了明确的规定，送的礼品价值过重则有行贿之嫌。

社会交往一般不用金钱作为馈赠礼品，此外，属于不利于健康之物、用过的旧物、广告物品以及易引起误会的物品均不应选择作为礼品。

🔲 情景故事

🔍 知识链接

四、礼品的赠送

选择一件满意的礼品，仅仅是馈赠活动的开始。而如何把礼品合乎礼仪地赠送给对方，则是整个馈赠行为取得成功的不可缺少的重要环节。

（一）要精心包装

包装是礼品的外衣，精美的包装是礼品的组成部分，通过包装，可以反映出送礼者的情趣和心意。不重视包装，会导致礼品本身的"贬值"甚至使受礼人有被对方轻视的感觉。在国际交往中，尤其要加以注意。

🔲 视频学习

（二）要选择好时机

不论在国内，还是在国外，赠送礼品如果选准了时机，会让双方皆大欢喜。在中国，赠送礼品，一般要选择节假良辰、婚丧喜庆之时向对方表示祝贺、感谢、慰问之情。涉外交往中，应根据国际惯例和来宾的风俗习惯，具体情况做具体安排。如会见会谈时，如果准备向主人赠送礼品，一般宜安排在起身告辞之时；参加道喜道贺的活动时，如拟向对方赠礼，最好在双方见面之初相赠，等等。要巧于安排时机，使其合乎惯例和规范。

（三）赠送礼品的具体做法

礼品最好当面赠送，这样做可以更好地介绍礼品，畅谈友情，加深感情。有时由于身处异地，或因种种原因本人不宜当面赠送时也可以委托他人赠送或者邮寄。这种情况下，应附上一份礼笺，署上姓名，并说明赠礼的缘由。

当面赠礼，送礼人要神态自然、举止大方，双手把礼品送给受礼者，而不能偷偷摸摸、手足无措，把礼品悄悄放在一边，也不告诉对方。

赠送礼品时，要简短、热情、得体地加以说明，表明送礼的原因和态度，如有必要，可对礼品稍做介绍。比如说声："祝你生日快乐！"再送上礼品，就表明送的是生日礼物了。

五、礼品的接受

在社交场合，当他人赠送礼品时，作为受赠者，不应该对他人默然相对，应讲究接受礼品的礼仪，做到有礼、得体。

（一）接受讲礼仪

在一般情况下，对他人诚心诚意赠送的礼品，只要不是违法违规的物品，最好的方式应该是大大方方、欣然接受为好。

当赠送者向受赠者赠送礼品时，受赠者应中止自己正在做的事，起身站立，双手接受礼品，然后伸出右手，同对方握手，并向对方表示感谢。接受礼品时态度要从容大方，恭敬有礼，不可忸怩失态或盯住礼品不放，切勿过早伸手去接，或拒不以手去接。

接过礼品后，如果条件容许，受赠者可以当面打开欣赏一番。这种做法是符合国际惯例的，它表示看重对方，也很看重对方赠的礼品。礼品启封时，要注意动作文雅、文明有序，不要乱撕、乱扯，随手乱扔包装用品。开封后，赠送者还可以对礼品稍做介绍和说明，说明要恰到好处，不应过分炫耀。受赠者可以采取适当的动作对礼品表示欣赏之意并加以称赞，然后将礼品放置在适当之处，并向赠送者再次表达道谢。

（二）拒收有分寸

接受礼品，一定要把握好原则和分寸。但由于种种原因，不能接受他人赠送的礼品时，要讲明原因，婉言拒收。拒收对方的礼品，要讲究方式和方法，依礼而行，要给对方留有退路，不要使对方产生误会和难堪。

一般情况下，拒收礼品应当场进行，最好不要接受后再退还。当看到对方赠送的礼品不能收时，一是应该对对方的心意表示感谢，二是要坦率地或者委婉地讲明不能接受的原因和理由，将礼品当场退还。如果确因一些原因很难当场退还，也可以采取收下后再退回的办法。退还礼品时，一是要及时，最好在24小时之内将礼品退还本人；二是要保证礼品的完整，不要拆启封口后再退还或者试用过之后再退还。

（三）讲究礼尚往来

"来而不往，非礼也"，在人际交往中，要讲究礼尚往来。虽然赠送者送人礼物，不应存在回报的心理，但收到他人的礼品要及时回报，有所表示，才是合乎礼仪的。

第一，要把握好还礼的时间。还礼时间过早，给人以"等价交换"的感觉，但如果拖的时间过久，又显得遥遥无期。因此，还礼要把握好机会，或对方有喜庆活动，或节假日，或登门拜访、回访对方之时。

第二，要把握好形式。还礼的形式是很有讲究的。在所还礼品的选择上，可以用对方赠送的同类礼品作为还礼，也可以用对方所赠物品价格大致相同的物品作为还礼。另外，也可以其他的形式向对方还礼，比如，接受礼品后，可以写信或打电话向对方表示感谢，也可以在再次见面时，表示感谢，或者告诉对方，自己十分喜欢他送的礼品，等等，都可以起到促进相互之间友好交往的作用。

👤 同步自测

CHAPTER6

第六章

会务礼仪

会务礼仪，主要指的是有关举办会议的行为规范。荀子有言："人无礼则不生，事无礼则不成，国家无礼则不宁。"在商界，懂得遵守会务礼仪，将有助于本单位在商务活动中对内对外的交流与沟通。本章主要讲述商务会议的一般礼仪、商务洽谈与签约礼仪、新闻发布会礼仪、庆典与剪彩礼仪、商务茶会礼仪等方面的内容。

第一节　商务会议的一般礼仪

商务礼仪是人们在商务活动中所必须遵循的行为规范和准则。顾名思义，商务接待礼仪是负责接待的人员在商务接待过程中所遵循的礼仪。商务会议的目的是增加彼此面对面的沟通，提高工作效率。良好的会议风范，是尊重自己，也是尊重别人。

一、会议的筹备

商务会议会场的选择，应依据会议的目的、规模来确定，并且会场座位通常以略多于到会人数为好。如果会场太小，人员拥挤，影响会场秩序；会场过大，则显得稀稀拉拉，冲淡会议气氛，两者都会影响会议效果。同时，在确定会议时间、会期及会议地点时，还要综合考虑人的心理素质、人体生理活动、周围环境影响这三种因素。一般来说，会期安排在上午 8:00—11:00 或者下午 2:30—5:00 为宜，会场地点选择在金融、工商界活动较为集中，交通便利、停车方便的地域为宜。

首先，详细编制会议费用预算。对于所需的总费用有一个大致的估算，并可有计划地分配会议的各项费用，防止超支和浪费。商务会议的费用通常包括场地租金、设计费用、工作人员费用、联络及交际费用、差旅费、住宿费、宣传费用、器材租金、运输和保险费用等，要根据会议所要达到的效果来考虑这些费用的标准。

其次，准备会议资料。会议资料按其内容可分为四大项：其一，现会议议题的主要文件；其二，为议题服务的辅助材料，包括开幕词、闭幕词等；其三，与会务工作相关的附件资料，包括大会议程表、会议参加者名单、宾客名单、会议接待安排、会场布置方案、入场凭证会议须知等；其四，需要运用的幻灯片、投影片、录像带、光盘等。

再次，布置会场，准备视听设备。要组织好会场的布置工作，例如

视频学习

117

横幅、鲜花照明、空调、录音辅助器材、视听设备、电话、传真机等设施的设置和测试。对附设酒会的场合，还需做好饮品、点心的准备和订购工作。会议场所应提供基本的会议用品，如便笺纸、笔、资料袋等。

最后，做好会议座次的安排。会议座次的安排分成两类：方桌会议和圆桌会议。一般情况下，会议室内是长方形的桌子（也包括椭圆形），就是所谓的方桌会议，方桌可以体现主次。在方桌会议中，特别要注意座次的安排。如果只有一位领导，那么他一般坐在长方形的短边比较靠里的位置。就是以会议室的门为基准点，里侧是主宾的位置。如果是由主客双方来参加的会议，一般分两侧就座，主人坐在会议桌的外侧，客人坐在会议桌的内侧。还有一种是为了避免这种主次的安排，而以圆形桌为布局，就是圆桌会议。在圆桌会议中，则可以不用拘泥这么多的礼节，主要记住以门作为基准点，靠里面的位置是比较主要的座位，就可以了。

二、会议前的签到工作

参加会议人员在进入会场前一般要签到。会议签到是为了及时、准确地统计到会人数，便于安排会议工作。有些会议只有达到一定人数才能召开，否则会议通过的决议无效。因此，会议签到是一项重要的会前工作，它也是会务服务工作的重要内容之一。会议签到一般通过以下几种方法进行。

（一）簿式签到

与会人员在会议工作人员预先备好的签到簿上按要求签署自己的姓名，表示到会。簿式签到的优点是利于保存，便于查找。缺点是这种方法只适用于小型会议。

（二）证卡签到

会议工作人员将印好的签到证事先发给每位与会人员，签证卡上一般印有会议的名称、日期、座次号、编号等，与会人员在签证卡上写好自己的姓名，进入会场时，将签证卡交给会议工作人员，表示到会。其优点是比较方便，避免临开会时签到造成拥挤，缺点是不便保存查找。证卡签到多用于大中型会议。

（三）会议工作人员代为签到

会议工作人员事先制定好参加本次会议的花名册，开会时，来一位与会者就在该人名单后画上记号，表示已到会，缺席和请假人员也要用规定的记号表示。例如，"√"表示到会，"×"表示缺席，用"○"表示请假等。这种会议签到方法比较简便易行，但要求会议工作人员必须认识绝大部分与会人员，所以这种方法只适用于小型会议和一些常规性会议。

（四）座次表签到方法

会议工作人员按照会议模型，事先制定好座次表，座次表上每个座位按要求填上合适的与会人员姓名和座位号码。参加会议的人员到会时，就在座次表上销号，表示出席。印制座次表和与会人员座次安排要有一定规律，将同一部门的与会人员集中一起，便于与会者查找自己的座次号。采用座次表签到，参加会议的人员在签到时就知道了自己的座次号，起到引导的效果。

（五）二维码签到

二维码签到快速、准确、简便，参加会议的人员进入会场时，只要把特制的卡片放到签到机内，签到机就将与会人员的姓名、号码传到中心，与会者的签到手续就在几秒钟办完，签到卡退还本人，参加会议人员到会结果由计算机准确、迅速地显示出来。二维码签到是先进的签到手段，目前一些大型会议都是采用此类签到方式。

三、与会人员礼仪

就一般与会人员来说，最基本的是要衣着整洁，仪表大方，准时入场，进出有序，依会议安排落座，遵守会议的基本行为规范。出席会议前应把该做的预备工作都做好，会议中不应随便向邻位的与会人员借东西，以防打扰别人。因此，参加会议应将个人物品准备齐全，以下是需要准备的物品：笔记本电脑、钢笔、圆珠笔、铅笔、辞典、文具、名片夹/名片、公文包。若需演讲，应事先进行预演，同时请会议的负责人让自己提前试用需要的视听和电器等设备。

开会时要尊重会议主持人和发言人。当别人讲话时，应认真倾听，可以准备纸和笔记录下与自己工作相关的内容或要求。特别是在大型、正式的会议上，应该等待适当的时机来发表评论。可以利用轻呼会议主持人的名字或举手的方式，等待会议主持人的示意，得到同意后，方可发言。发言应简明、清楚、有条理，实事求是。

如果有讨论，最好不要保持沉默，这会让他人感到你对事件漠不关心。反驳别人时，要注意不要打断对方，应等待对方讲完再阐述自己的见解，别人反驳自己时，则要虚心听取，不要急于争辩。不要在别人发言时说话、随意走动、打哈欠等，这些都是失礼的行为。

会议进行中尽量不离开会场，如果必须离开，则需轻手轻脚，尽量不影响发言者和其他与会者，如果长时间离开或提前退场，应与会议组织者打招呼、说明理由，征得同意后方可离开，并且需向会议的组织者致谢。

会议中应关闭自己的移动电话及一切可能随时发出声响的装备，以免干扰会议进行。会议后回到办公室，应立刻记下个人必须要做的事情，同时在工作日志上做好记录。最好将会议的内容进行整合，做出摘要，以便日后可以参考。

四、主持人与发言人礼仪

在准备会议时，主办方须妥善做好主持人和发言人的安排。主持人、发言人的一言一行以及整体形象，都代表着主办单位，甚至决定了社会大众对主办单位的态度和评价。因此，主持人和发言人必须对个人的言行、外在形象都予以重视。

（一）主持人商务会议礼仪

商务会议主持人在会议上开始讲话时，是否受到与会者欢迎，第一步将取决于与会者的初步印象。这个印象由多种因素决定，如会议主持人是否做好充分准备；眼睛是否闪亮且活泼；声音是否悦耳动听；脸部表情是否生动；对周围的反应是否机智灵活；是否能用简明扼要的话陈述自己的观点。下列秘诀有助于主持人建立一个受人欢迎的形象。

1. 果断而自信

在会议开始前，会议主持人可以先用几秒钟的时间面带微笑地审视一下会场的与会者，表情友好真诚，这样做可以起到两个作用：一是让与会者感觉到对他们的尊重。当主持人望向与会者时，台下的无数双眼睛也会同时聚集到主持人身上，他们也都在观察着要演讲的主持人。在即将开始演讲的一刹那，与会者将会对主持人的精神、热情、知识、学识、声音、目光接触以及身体语言等各方面做出评价，最后形成对主持人的初步印象。二是可以给自己留一点空间。在扫视会场时，可以让自己在瞬间中调节情绪，更好地发挥自己的主持才能。

2. 准时宣布会议开始

会议是否准时召开，是与会者最为关注的问题，很多主持人不能准时宣布会议开始，会令与会者不满。有的主持人会认为会议推迟，责任不在自己。当实际面临类似情况时，比如，临时出现了某人的演讲稿需要更改或是演讲的人迟到了等问题，主持人可以向与会者微笑数秒钟，表示自己和他们一样，也正在期待着早点把信息传递给他们。

3. 开场出奇制胜

在会议开始的时候，主持人为了同与会者拉近距离，可以先介绍一下自己的情况，也可以让与会者互相介绍，以便他们相互认识。为了缓和会议的严肃气氛，让与会者轻松一下，最好能有个简洁、热闹的会议开场白。

如果眼前的会议与上一次会议内容相关，主持人可以简要地概述上次会议的结论。但是要控制时间和重点，明确说明本次会议所要讨论的主题或所要解决的问题。

4.使与会者具有参与意识

主持人在做会议准备工作时，为了使自己的主持更成功，不妨让与会者多说自己的观点，增强他们的参与意识。一次成功的主持意味着让与会者也能参与到所讨论的问题中来。

Q 知识链接

（二）发言人商务会议礼仪

会议发言有正式发言和自由发言两种，前者一般是领导报告，后者一般是讨论发言。

正式发言者，应衣冠整齐，走上主席台时应步伐稳健有力，行走的速度根据会议的性质而定。一般来说，对热烈的会议步频应较慢。入席后，如果是站立发言，应双腿并拢，腰背挺直；坐姿发言时，应身体挺直，双臂前伸，两手轻按于桌沿；如果是书面发言，要时常抬头扫视一下会场，不能低头读稿，旁若无人。发言完毕，应对听众的倾听表示谢意。

自由发言则较随意，但要注意发言应讲究顺序和秩序，不能争抢发言。发言应简短，观点应明确。如与他人有分歧，应以理服人，态度平和，听从主持人的安排，不能只顾自己。

发言时，若加上身体语言的辅助，能起到事半功倍的效果。例如，你在向人们解释某个问题时，一只手可以自然地放在一边，或采用手心向上的动作，这样显得坦白而真诚。发言中说教式的动作并不能获得信任，只会引起别人的反感。用目光时不时、有意地环视会场上的每个人，不要回避他人的眼光，可以显示出自信和坦然。

语音语调同样不能忽视。女性一般声线较细，声频偏高，这样的声调显得纤细、敏感、不够持重。所以，在整个发言过程中，尽量采用低沉而有节奏的语调，这样的声音才有说服力。

同步自测

第二节 商务洽谈与签约礼仪

正因为商界人士在犹如战场的商场上经商的成败得失，会更加直接地取决于能否通过洽谈来为自己开辟一条道路，故"商界无处不洽谈"成了商界人员的一句格言。同样的，签约也正因为其在商界交往中被视为一项标志着双方关系进展以及相关沟通的重大成果，而深受商界人士的重视。

一、商务洽谈礼仪

商务洽谈是指在商务交往中，交易双方在维护各自经济利益的前提下，进行双向沟通、拟定协议、签署合同、要求索赔，或为了处理争端、消除分歧而坐在一起进行面对面讨论，经过协商达成交易的行为。商务洽谈礼仪不是附着在商务洽谈之上的一种形式，而是商务洽谈本身的重要组成部分。它既是一门科学，也是一门艺术。

在国际商务交往中，商务洽谈是许多商界人士都会经历的一种商务活动，对外贸易发展得越快，商务洽谈就越频繁，商务洽谈活动便越显得重要。其中，因洽谈而举行的有关各方面的会晤活动，称为洽谈会。洽谈比起商务谈判更普遍、更经常、更简约。它更多突出的是彼此和睦对话的方式，色彩更温和，形式更灵活。

（一）欢迎礼仪

作为东道主，要提前到达约好的洽谈地点，迎接洽谈客户。迎接地点可以选择在大楼门口，也可以在洽谈厅门口。宾主相见，主人应与客户方的洽谈代表一一握手，并伴随介绍（注意介绍礼仪），邀请对方进入洽谈厅，请客人首先入座，或双方人员同时落座，主人不能抢先坐下。如果是由于长时间等待客人，已经事先坐下，则当客户到来时，应马上起身致意并邀坐。当宾主双方人员到齐且均已入座，非谈判人员应退出洽谈场所，不准随意出入，以免影响洽谈的进行。

（二）安排座次

在洽谈会上，东道主一方不仅应该依照礼节布置好洽谈厅，预备好相关的用品，还应特别重视礼仪性很强的座次问题。只有在某些小规模洽谈或预备性洽谈会中，座次问题才不会那么重要。在举行正式洽谈会时，不能不予以重视。因为它既是洽谈者对对方的尊重，也是洽谈者给予对手的礼遇。

举行双边洽谈时，应使用长桌子或椭圆形桌子，宾主应分坐于桌子两侧。若桌子横放，则面对正门的一方为上，应属客方；背对正门的一方为下，应属主方，如图6-1（1）所示。若桌子竖放，则应以进门的方向为准，右侧为上，属于客方；左侧为下，属于主方，如图6-1（2）所示。

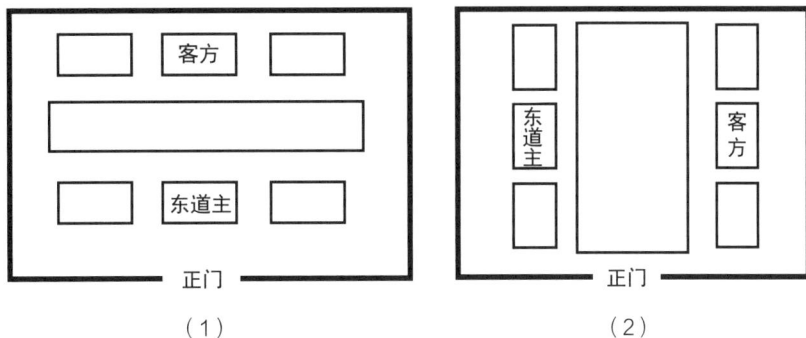

图6-1　会谈座次安排

在进行洽谈时，各方的主谈人员应在自己的一方居中而坐。其余人员则应遵循右高左低的原则，依照职位的高低自近而远地分别在主谈人员两侧就座。国际商务洽谈需要译员，则应安排其就座于仅次于主谈人员的位置，即主谈人员之右。

（三）用心倾听对方论述

商务洽谈中不仅要健谈，更要成为一名好的倾听者。倾听能更好地了解对方的需求、目的、意图、立场、观点、态度等。倾听对方谈话时要用心、真诚，善于从对方的谈话中发现问题，从而也可以更好地打动对方。口若悬河、滔滔不绝，不给对方发表意见的机会，甚至不礼貌地打断对方谈话，往往会让对方产生强烈的反感，使洽谈无法顺利进行，甚至导致洽谈失败。

（四）洽谈要沉着冷静

在洽谈时指望谈判对手对自己手下留情那是不可能的，要正确处理双方的关系。商务洽谈在某种意义上来说是一种心理上、精神上、智力上的较量。因此，作为洽谈人员，与对手"交战"时要时刻保持头脑清醒、心态平和，才能沉着应战、以智取胜。洽谈中最忌讳的就是不冷静、急躁。当洽谈遇到挫折时，洽谈人员要冷静地分析洽谈的进展和已经达成的共识，希望能求同存异，寻找"柳暗花明"的最佳途径，避免洽谈陷入僵局以致关系破裂。

（五）文明用语

洽谈中的寒暄、开场、交谈、结束用语等，都应注意谈吐的礼貌文明，既要充满自信，又不能显得做作；既要热情友好，又要不卑不亢；既要据实争辩，又要适度退让，以达到双赢的最佳结果。洽谈既是一个紧张思考的过程，又是一个高度运用语言艺术的过程。在这一过程中，洽谈用语，如叙述、辩驳、论证、说服等功能被加以综合运用，通常会取得较好的效果。洽谈的成功与否，以及如何在最有利的条件下达成一致、签署合作协议、取得圆满结果，在一定程度上都取决于洽谈中语言技巧的运用以及语言表达的礼仪。在洽谈过程中，无论何种情况，都应待人谦和、彬彬有礼，要友善对待对方，即使存在严重的利益之争，也要尊重对方的人格。

（六）洽谈时间要合理

商务洽谈的时间要视具体情况而定。洽谈之前一定要对洽谈内容进行充分而妥善的准备，以便在最短的时间内以最有效的方式完成洽谈任务，实现洽谈目标，同时也可有效地提升洽谈效率。

同步自测

二、签约礼仪

签约仪式，也叫签字仪式。就是在签约过程中，为表示郑重和隆重而举行的仪式。签约仪式是仪典礼仪的重要内容。对于一个单位来说，为签约而专门办一个仪式，可见这样的签约对本单位的重大意义。对这样事关各方利益的"里程碑"式事件，各方都应当严格按照签字仪式礼仪要求，表现出己方严谨、专业的态度。

（一）签约仪式的准备

为了更好地体现对签约仪式的重视，签约之前需要做好以下准备工作。

1. 签约场地布置

对于重大的签约仪式，应该布置专用的签字厅。一般情况下，没有专用签字厅，也可以临时用会议厅、会客室来代替。签字厅内满铺地毯，除了必要的签字用桌椅外，其他陈设都不需要。

通用的签字桌是长形桌，桌子上一般铺深绿色的台呢。签字桌横放在室内，签字桌后面可放两把座椅，供签字人就座。在签署多边合同时，一般只放一把座椅，供各方签字人轮流签字时就座，也可以给每位签字人都提供一把座椅。签字人在就座时，一般应当面对正门。

在签字桌上，应事先放好需要签署的合同文本以及签字笔。签字桌的正后方，最好挂上"××××签约仪式"字样的条幅或背景布，上面标明签字各方名称。按惯例，横幅一般是红底白字或黄字，背景一般以蓝底为多，有时也可以加上其他图案，比如公司标识、项目合作示意图等。

如果签涉外合同，则需要在签字桌上插放各国的国旗，相关的国旗应插在该方签字人座椅正前方。如果安排致辞，则需要在签字桌的右侧放置发言席或者落地式话筒。

2. 签约仪式座次安排

签约仪式中，各方代表对于礼遇均非常在意，因而商务人员对于在签字仪式上最能体现礼遇高低的座次问题尤为重视。签字时各方代表的座次，是由主方代为先期排定的。在签署双边合同时，应请客方签字人在签字桌右侧就座，主方签字人则应同时就座于签字桌左侧。双方的助签人，分别站立于各自一方签字人的外侧，以便随时对签字人提供帮助。双方其他的随从人员，依照职位高低，依次排成一排，站立于己方签字人的身后。当一排站不下时，可以按照以上顺序并遵照"前高后低"的惯例，排成两排。原则上，双方随从人员人数应大体上相近。

在签署多边合同时，一般仅设一张签字椅。各方签字人签字时，须根据事先约定的顺序，依次上前签字。各方助签人应跟着一同行动。助签时，应根据"右高左低"的惯例，助签人站在己方签字人左侧。与此同时，各方随从人员应按一定顺序面对签字桌就座或站立。

3. 准备签约文本

双方在谈判结束后，应指定专人负责合同的定稿、翻译、校对、印刷与装订等工作，主方负责准备待签文本。文本一旦签订即具有法律效力，因此对待文本态度应严肃郑重，而且此文本是正式的、不能更改的。要为在合同上签字的有关各方提供一份待签文本，如有必要，还应为各方提供一份副本，与外商签订合同，按照惯例，待签文本应同时使用宾主双方的母语。待签的文本，应以精美的白纸印制而成，装订成册，并制作精美封面。

4. 参加签约人员

各方签字人的职务和身份应一致或大致相当，所以各方担任签字人的身份需事先通报对方。为了表示对签字的重视和庆贺，签字各方也可以派出职务较高的领导参加签字仪式，但也应当注意身份大体相等。

致辞人，一般由签字各方职务最高的领导担任，有时也可以安排上级机关或协调机构的代表致贺词。签字仪式中安排致辞、祝酒等环节时，应当有主持人介绍致辞人的身份，主持人由主办方派有一定身份、形象好、语言表达能力强、善于应变的人士担任。

另外，见证人则主要是参加会谈的人员，各方人数应当大致相等，也可以邀请保证人、协调人、律师、公证人员参加。大型或多方签字仪式，还需要安排助签人，助签人就是在签字过程中帮助签字人翻揭文本、指明签字之处、互换文本等工作的人员，人数上各自安排一位助签人即可。隆重的签字仪式上，还应安排礼仪人员，以便在签字仪式正式开始之前引导双方进入签字厅，签字结束后端上香槟酒。

（二）签约仪式的举行

签字仪式一般时间跨度较短，但程序规范、气氛庄重而热烈，其所需注意的流程以及相关礼仪礼节都是决定仪式能否顺利进行的关键因素。

1. 签约仪式流程

正式的签字仪式流程一般以下有六项：一是礼节性会见。各方代表见面就座后，进行礼节性会见、寒暄，时间要短，不谈实质内容。二是主持人宣布开始。待有关各方进入签字厅，在既定的位次上各就各位，主持人以先客后主、职务由高到低的顺序介绍各方嘉宾。三是致辞。主持人请各方领导致辞。双边签字时，则先主后客，多边签字时则按签字顺序致辞。四是先签署己方保存的合同。签署合同，一般先签署己方保存的合同，交换后接着签署他方保存的合同，签好后再换回己方的。五是交换合同后道贺。国际上通行的做法是各举一杯香槟酒互相道贺。六是对外发布。如果是重大并有影响的或有新闻价值的签字仪式，条件许可时，还可以邀请媒体。

2. 签约礼仪

按惯例，签约时在己方保留的合同文本上，己方签字的名字应列在第一位。所以，每个签字人都应先签署己方保存的合同文本，然后再交由他方签字。有助签人员时，助签人员应翻开合同夹，指明合同签字的位置，签字人在文本上签字后，交换签署或交换由己方保存的合同文本，都由各方助签人传递。签字结束后，各方签字人包括助签人都应热烈鼓掌，互致祝贺。主签人相互握手，以示庆贺，也可以相互交换签字笔，以示纪念。没有助签人员时，由双方签字人左手捧合同文本，右手相握，此时其他人员鼓掌祝贺，之后由签字人相互交换合同文本。

3. 致辞礼节

同步自测

如有致辞，则一般由双方首席代表或者发言人，以及被邀请参加签字仪式的其他重要来宾发言。致辞应简单明了，内容分成三部分，首先应有对在座人员的称呼，其次说明这是什么签约仪式，最后表达祝愿及祝福。时间一般控制在三分钟左右。

第三节　新闻发布会礼仪

新闻发布会，简称发布会，有时亦称记者招待会。新闻发布会可以说是最常见的会议形式，不论是政府还是企业，都需要通过新闻发布会这一正式场合，对外宣扬自身形象，表达自己的观点。新闻发布会是一种主动传播各类有关信息，谋求新闻界对某一社会组织或某活动、事件进行客观而公正报道的有效沟通方式。对商家而言，举办新闻发布会，是自己联络、协调与新闻媒介之间相互关系的一种最重要手段。

一、新闻发布会的筹备

按照与新闻发布会相关工作的关联程度来分，一个完整的新闻发布会大致可以分为三个阶段：事先萌芽阶段（即新闻发布会的背景由来）、事中运作阶段（包括新闻发布会的准备工作和现场发布）以及事后跟进阶段。

筹备新闻发布会，要做的准备工作甚多，其中最重要的是要做好主题的确定、时空的选择、人员的安排、材料的准备、提前做好预算等各项具体工作。

（一）主题的确定

发布会的主题一般指中心议题，包括发布某一消息、说明某一活动、解释某一事件。筹备新闻发布会，首先要做的就是对本次新闻发布会的主题进行准确定位。这里的主题包括两层含义：一是新闻宣传点的寻找与挖掘；二是新闻传播标语的确立。开新闻发布会首要的条件是具备新闻兴奋点，否则一切皆成为无源之水。可以说，一场新闻发布会的成功与否以及效果的好坏，关键就在于企业对所要宣传的对象的新闻点进行的角度寻找和深度挖掘。从发布会的标语来说，标语可以有多种取法，常见的是直接出现"××新闻发布会"字样，也有的是一个大的主标语，下面为正题，或者是两者的结合。

（二）时空的选择

新闻发布会的时空选择，通常是指时间选择和场地选择与布置。对于这两个问题的重视程度，往往也决定了新闻发布会的最终效果。

1. 时间选择

新闻发布会的时间通常决定新闻何时播出或刊出。一般周一不选，周五也不宜选，周二至周四通常较合适。

确定在某一天的几点钟召开新闻发布会是最重要的一件事。早报、晚报的截稿时间不同，因此，若有早报记者参加，新闻发布会应在中午或下午举行；如在当天晚报或电视晚间新闻报道，最好安排在上午 9:30 或 10:00—10:30 开始。此外，由于记者的职业习惯，一般都是晚睡晚起，故企业的新闻发布会不宜在上午 10:00 前召开，否则，很难聚齐所邀请的媒体。

在时间选择上还要避开重要的政治事件和社会事件，媒体对这些事件的大篇幅报道，会冲淡企业新闻发布会的传播效果。因为多数平面媒体刊出新闻的时间是在获得信息的第二天，因此要把新闻发布会的时间尽可能安排在周三下午为宜，这样可以相对保证发布会的现场效果和会后见报效果。

时间问题还涉及整个会议的议程安排。从实践来看，一次新闻发布会所使用的全部时间应当限制在一到两个小时为宜。特别是发言的时间以及演讲稿件字数应该控制在把问题讲清楚的长度，不宜太长，也不宜太短，一般 15 ~ 20 分钟比较合适。

2. 场地选择与布置

在场地选择方面，可以选择在户外，也可以选择在室内。根据发布会规模的大小，室内发布会可以直接安排在企业的办公场所或者酒店。酒店有不同的风格、不同的定位，选择的酒店的风格要注意与发布会的内容相统一。还要考虑交通的便利性，包括离主要媒体、重要人物的远近，停车是否方便等。

新闻发布会所用的房间大小主要取决于与会的摄影记者。电视摄影记者比报刊摄影记者所占的空间要大。如果电视摄像机在房间后排，那么公司发言人应在房间前排就座；如只有报刊记者与会，发言人就可以坐在记者当中，当有人提问时就走到前排。不要让新闻发言人坐在镜子、窗户或其他反射光线的背景物之前，以防镜头效果受损。

Q 知识链接　　　　　在现场布景方面，一般包括以下内容。

（1）会场布置

会场布置包括主题背景板的设计与布景、主席台的设置和大小、投影设备和电源、麦克风的准备（如果是小型会议，尽可能每人一部）、茶水与水果点心、纸巾、现场服务员的到位、签到簿与笔等物品的准备；同时考虑实际情况进行现场气氛装饰。如何使会议厅看起来不那么空荡，便成为现场布置时重点要考虑的问题。

除此之外，还要注意会场的环境布置，气温、灯光、噪声等问题要考虑周全，千万要选一个富有时代感的公关设计团队来布置会场，使会场既体现企业精神，又使记者及其他来宾有宾至如归的感觉。

会场应设有记者或来宾签到处，签到处最好设在入口或入场通道处。会场座次安排要分清主次，特别是有贵宾到会的情况下。在每个记者席上准备有关资料，供记者们深入细致地了解所发消息的全部内容。

（2）室外布景

这是营造一个热烈气氛的先导，可以在会场外围设置一些横幅、竖幅、飘空气球、拱形门等，但是各个会场有所不同。

（3）迎宾指引布置

有些会场经常会是很多企业同时召开相关会议，因此迎宾指引就呈现出一个企业的人性化服务。一般而言，在门口都应该有迎宾小姐，或者是设立一个迎宾台。不然的话，就在大堂门口竖立企业新闻发布会在此召开的信息立牌，注明在哪一楼、哪一会议厅，而且在电梯口、拐弯处也应设立相关的指示牌。

我国对新闻发布会规定了严格的申报、审批程序，对会展企业而言，尽量避免使用新闻发布会的字样，可以把发布会的名称定为"××信息发布会"或"××媒体沟通会"。最好在发布会的标题中说明发布会的主旨内容，有时，可以为发布会选择一个具有象征意义的标题。一般可以采取主标题加副标题的方式。主标题表现企业想要表达的主要含义，副标题说明发布会的内容。通常情况下，在主标题下需要以稍小字体显示出会议举办的时间、地点和主办单位。

（4）席位的摆放

新闻发布会的现场席位摆放一般有三种摆放形式。首先是课桌式，摆放形式与教室里的桌椅摆放形式相似，即前面是发言主席台，下面是一排排的记者席，发言人与记者相向而坐。主席台上要摆放发言人席卡，以方便记者记录发言人姓名。其次是回字式，具体形式为发言人坐席在中间，两侧及对面是新闻记者坐席，这样便于沟通，同时也有利于摄影记者拍照。最后就是圆桌式，这种方式适用于一些非正式、讨论性质的发布会。此外，会场还要注意席位的预留，一般在会议室后面要准备一些无桌子的座席。

（三）人员的安排

一个发布会牵涉方方面面，各项工作相互链接，相互联系，彼此交叉，必须统筹安排，仅凭一己之力，实难完成。新闻发布会人员组成的原则如下。

1. 专业原则

专业的人做专业的事，知人善任。比如，与经销商的沟通，市场销售部门是对口部门。与新闻界的沟通及资料的准备都是公关部门人员的专业特长，故与新闻界的沟通由公关部门负责。

2.平衡原则

因事设组，每个组的工作量相对平衡。

3.分工原则

分工应该明确，职责分明，以防止互相推诿现象的发生。另外，隶属分工和横向协作都要明确。

4.扁平原则

一般在大型活动中有多层次的"金字塔"结构，但在中型活动中，不宜层级太多，以保证灵活机动，人员不要太多，精干、高效为要。

5.制度原则

尽管是临时性组织，但一旦加入组织机构，人员就应受规章制度的约束。发布会通常牵涉各个部门，一般来说，公司或组织的高层及分管副总会在筹委会中担任一定的职务。公司高层，甚至最高领导人会有一些讲话和表态。

知识链接

（四）材料的准备

材料的准备包括新闻通稿和背景介绍，分为四个部分：一是发言提纲；二是问答提纲；三是宣传提纲；四是辅助材料，例如，图表、照片、实物、模型、沙盘、录音、录像、影片、幻灯、光碟等。每次发布会都应提供新闻通稿和背景介绍，以便记者能在会议涉及的问题之外挖掘新闻事件，扩大报道范围。

背景材料一般应包括以下内容：新闻发布会涉及的新闻时间、组织发展简史技术手册（如果发布会的目的在于推介一种新产品或新机器）、发言人个人介绍及照片，其他如通信卡、名片等供记者、编辑日后加以联系的资料。新闻通稿和背景材料的封面也需要留意，要印有公司标志，以建立公众认知。

（五）提前做好预算

根据新闻发布会的筹备情况进行预算，以确保新闻发布会的顺利召开。通常费用项目有：厂租、会场布置、印刷品、茶点、文书用品、音响器材费用、邮资、电话费、交通费、用餐费等。编制费用预算表，报企业领导批准后，方可着手新闻发布会的准备工作。

二、媒体的邀请

在新闻发布会上。主办单位的交往对象自然以新闻界人士为主。在事先考虑邀请新闻界人士时，必须有所选择，有所侧重。不然的话，就难以确保新闻发布会真正取得成功。

（一）邀请新闻界人士参加

新闻记者是新闻发布会邀请的重头，一般来说，应先草拟一份邀请名单，至少提前一周发出邀请函，然后电话落实（当然，与媒体熟悉的企业不必发邀请函，用电话提前两三天通知就可以了）。当然，如果还要邀请一些社会知名人士参加，还得考虑其权威性、专业性与时间方面的配合。

确定参会人员是一项很重要的工作，也是一个变化性的因素，而它的变化将影响整个发布会的规格与规模，进而影响发布会的各个因素。因此，这是新闻发布会工作控制的关键点，宜重点来抓。

一家务实的商业企业，不能反靠制造新闻来自抬身价。所以，举办新闻发布会、邀请新闻界人士参加首先要看有无必要性。即使存在一定的必要性，也要多加论证，要讲求发布会的少而精。

（二）邀请范围

1. 电视媒体

通常人们认为电视是传播信息的最佳媒体，在众多的大众传播媒体中，电视是最重要的媒体。电视媒体是综合传播文字、声音、图像、色彩，视听兼备的媒体，既具备报纸、杂志的视觉效果，又具备广播的听觉功能，还有报纸、杂志、广播所不具备的直现性和动态感。电视传播覆盖面广泛，公众接触率高，收视率也很高。电视媒体信息带有较强的娱乐性，观众乐于接受。

2. 报纸媒体

由于报纸的特殊新闻性使它具有高可信度、高权威性的特点。报纸能够图文并茂，增强读者的阅读兴趣。它发行广，覆盖宽，信息传播迅速、时效性强，另外发行成本适中也是一大优势。

3. 杂志

杂志的读者群明确，针对性较强，通常购买杂志的读者比较固定。杂志印刷精美，图文并茂，图文编排较报纸更具水准。

4. 广播媒体

广播媒体的信息传播速度快、时效性强、信息受众面广。由于广播具有实时性，便于与听众交流互动，因此可以增强观众的临场感、参与度。

新闻发布会邀请哪些方面的新闻界人士参加，要结合以上不同媒体的不同作用以及发布会的既定目标、费用等方面因素综合选择确定。

（三）邀请方式

正式的邀请往往会采用专人专程送邀请函的方式，一般会选取带有公司标志的邀请信函，以显正规。如果不是专人送达，也可以采用邮件寄送，但随后应及时电话询问是否收到、是否如期参加等。在填写新闻发布会邀请函时，应注意信息的准确性和完整性。

第四节　庆典与剪彩礼仪

开业典礼不仅可以给商家讨个吉利，还可以因势利导，对商家自身事业的发展获益良多，故开业典礼在商界一直颇受青睐。

一、开业典礼

开业典礼是指新落成的商业企业在正式营业时郑重举行的庆祝活动。为了扩大影响，树立企业形象，以招徕顾客，许多企业在开张营业之际都要本着热烈、隆重而又节俭的原则举行开业典礼。通常，开业典礼礼仪包括两项基本内容：其一是开业仪式的筹备；其二是开业仪式的运作。

（一）开业仪式的筹备

开业仪式尽管进行的时间极其短暂，但要营造出现场的热烈气氛，取得彻底的成功，绝非一桩易事。由于它牵涉面广、影响面大，需认真筹备。筹备工作充分与否，往往决定着一次开业仪式能否真正取得成功。

筹备开业仪式，一般遵循"热烈""节俭"与"缜密"三原则。所谓"热烈"，是指要想方设法在开业仪式的进行过程中营造出一种欢快、喜庆、隆重而令人激动的氛围，不应令其过于沉闷、乏味。所谓"节俭"，是要求主办单位在举办开业仪式以及筹备过程中，在经费的支出方面要量力而行，力求花最少的钱办出最好的效果。

所谓"缜密"，则是指主办单位在筹备开业仪式时，既要遵行礼仪惯例，又要对具体环节进行认真策划、注重细节、分工负责，严防临场出错。

1. 宣传工作

举办开业仪式前，企业一般要借助于报纸、广播、电视等传播媒体刊登广告或张贴开业告示，以引起公众的注意。这种广告的内容一般包括开业典礼举行的日期、地点、企业的经营范围及特色、惠客政策及服务措施等。开业广告或告示一般定在开业前的 3 ～ 5 天发布。

2. 邀请嘉宾

开业仪式成功与否，很大程度上与参加典礼的主要宾客的身份、人数有直接关系。因此，在开业仪式前通常应邀请以下人员参加：一是上级领导。邀请目的主要是感谢其给予企业的关心和支持。二是社会名流。主要是通过"名人效应"更好地提高企业的知名度。三是媒体人士。多家新闻媒体的公正报道，有利于加深社会公众对企业的了解与认同，进一步宣传和扩大企业的社会影响。四是同行代表。主要是有经营业务关系的代表，请他们来表明彼此合作，促进行业共同发展的愿景。五是社会人士。通过他们为企业的发展创造良好的社会环境，让周围更多的人士关心、支持企业的发展。

3. 发放请柬

开业仪式前，参加开业仪式的人员一旦确定，应提前一周发放请柬，便于被邀请者尽早安排和准备。请柬印制要精美，色彩要喜庆，内容要完整，文字要简洁，措辞要真诚，一般请柬通过邮寄或派专人送达。上级领导和社会名流的请柬应由专人送达，以示诚恳和尊重。必要时请嘉宾对能否参加给予明确的答复。

4. 安排接待

在举行开业仪式的现场，一定要有专人负责来宾的接待工作。要安排专门的接待室，要求窗明几净，饮水机和冷热饮准备齐全。接待人员一般由年轻精干、身材和相貌较好的男女青年担任，主要负责来宾的门口迎接引导、陪同、接待以及送别等。在接待重要来宾时须由单位的主要负责人亲自出面。

5. 准备礼品

为了扩大企业的影响，开业仪式上通常会向来宾赠送一些具有宣传企业作用的礼品。这些礼品应是一种宣传性传播媒介，具有一定的纪念意义。同时要突出其宣传性，可以在礼品的包装上印有企业的标志、开业日期、产品图案、企业经营方针和服务承诺等。为了使来宾加深对企业的了解，还可以印刷一些企业简介、企业经营项目、经营业绩、庆典致辞、来宾名单、开业议程、庆典活动内容与意义等宣传材料。

（二）开业仪式的运作

在不同的场合，开业典礼通常又会有另外一种称呼，如开幕仪式、竣工仪式、奠基仪式、破土仪式、下水仪式、通车仪式等。它们的共性，都是要按照仪式礼仪的规范举行，热烈而隆重。以下将从仪式运作方面简要地介绍一下各种常见的开业仪式的主要特征和准备工作。

1. 开幕仪式

开幕仪式是开业仪式中最常见的形式，也是商界人士平日接触最多的仪式。严格地讲，开幕仪式仅仅是开业仪式的具体形式之一。通常它是指宾馆、商店、银行正式启用之前，或是各类商品的展示会、博览会、订货会正式开始之前，所举行的相关仪式。依照常规，举行开幕式需要较为宽敞的活动空间，所以门前广场、展厅门前、室内大厅等处，均可用作开幕仪式的举行地点。

（1）开幕仪式的准备工作

首先要选择一处宽敞的场所作为举行开幕式的场地，室内室外均可。选择场地时要结合参加仪式的人数多少与场地大小是否相当来考虑，一般宜大不宜小。场地选定之后，要在正面悬挂红色横幅，写明开幕式的名称，如"××××博览会开幕式"，字体应该清晰、醒目、美观。在两旁应布置一些彩色的旗子。较隆重的开幕式往往还应在场地四周悬挂五色彩旗，上面印有宣传图画或宣传口号。国际性的大型开幕式，如国际博览会，则应悬挂所有参加国的国旗。

在开幕式现场，应铺设红色地毯，以示对嘉宾的尊重。现场所设主席台，应事前摆好桌签、水杯等。此外，还要准备好音响、照明、照相、多媒体等设备。事前要认真检查、调试，以确保开业仪式顺利进行。

（2）开幕仪式的运作程序

首先，宣布仪式开始，全体肃立，介绍来宾。然后，邀请专人揭幕或剪彩。揭幕的具体做法是揭幕人行至彩幕前恭立，礼仪小姐双手将开启彩幕的彩索递交给对方。揭幕人随之目视彩幕，双手拉启彩索，令其展开彩幕。全场目视彩幕，鼓掌并奏乐。接着，在主人的亲自引导下，全体到场者依次进入幕门；主人致辞答谢；来宾代表发言祝贺。最后，主人陪同来宾进行参观，开始正式接待顾客或观众，对外营业或对外展览宣告开始。

2. 竣工仪式

竣工仪式是开业仪式的第二种表现形式，又称建成仪式或落成仪式。它是指本单位所属的某一建筑物或某项设施建设、安装工作完成之后，或是某一纪念性、标志性建筑物，诸如纪念碑、纪念塔、纪念堂、纪念像、纪念雕塑等建成之后，以及某种意义特别重大的产品生产成功之后所专门举行的庆贺性活动。

（1）竣工仪式的准备工作

第一项，会场布置。举行竣工仪式的地点，应以现场为第一选择。如新落成的建筑物之外以及有关的纪念像、纪念碑旁边。会场的布置可根据具体情况确定，如在庆祝工厂大厦建成时，整个会场应突出体现欢快、喜悦、热烈的气氛，可在会场周围点缀一些标语、彩旗、气球等；如在纪念像、纪念碑落成的仪式上，则应烘托庄严而肃穆的气氛。第二项，宾客名单的确定、服务人员与设备的准备等与开幕仪式类似。

（2）竣工仪式的运作程序

首先，要完成邀请函的发放。提前半个月向社会各界代表及宾客发出邀请函。仪式当天要安排签到。现场入口要安排工作人员，嘉宾到达现场后，由工作人员引导到预先设定的签到处签到。主持人宣布庆典活动开始，介绍来宾，此时应全体起立，规范的竣工仪式，必须要奏国歌，以示郑重。主持人宣布出席仪式的社会各界代表及嘉宾名单，工作人员点燃礼炮制造喜庆气氛。礼炮燃放完毕，主办方负责人讲话，其内容应为介绍、回顾与感谢。接下来再由来宾致辞，然后是剪彩、揭牌、参观等。

3. 奠基仪式

作为各种庆典礼仪的一种，奠基仪式主要是大型重要建筑或其他一些建筑工程在开工建设开始阶段所举行的庆典式活动。

Q 知识链接

（1）奠基仪式的准备工作

在举行地点的选择上，应选择在动工修筑建筑物的施工现场。而奠基的具体地点，则按常规应选在建筑物正门的右侧。一般情况下，奠基石的尺寸规格也是有严格讲究的。奠基石上，通常文字应当竖写。在其右上款，应刻有建筑物的正式名称；在其正中央，应刻有"奠基"两个大字；在其左下款，则应刻有奠基单位的全称以及举行奠基仪式的具体年月日。字体多用楷体刻写，金字为主。

在奠基石的下方或一侧，还应安放一只密闭完好的铁盒，内装与该建筑物有关的各项资料以及奠基人的姓名。届时，它将同奠基石一道被奠基人等培土掩埋于地下，以志纪念。

（2）奠基仪式的运作程序

第一项，主持人宣布仪式开始，介绍来宾，此时应全体起立。规范的奠基仪式，必须要奏国歌，以示郑重。奏国歌时，应全体起立并肃穆。第二项，介绍建筑物。组织方相关负责人员要对该建筑物的规划设计、功能以及作用进行简介。第三项，现场致辞。像其他仪式一样，致辞也有组织方和来宾致辞，如果有上级单位或者请了政府部门，也需要请他们的代表致辞。第四项，进行奠基。奠基的时候应锣鼓喧天，或演奏喜庆乐曲。由组织方领导和其他嘉宾共同为之培土、奠基。结束后可安排座谈和宴请。

4. 破土仪式

破土仪式亦称破土动工。它是指在道路、河道、水库、桥梁、电站、厂房、机场、码头、车站等正式开工之际，所专门为此而举行的动工仪式。

其主要的运作程序为：仪式开始，首先是介绍来宾，全体肃立，规范的破土仪式也需要奏国歌；组织方相关负责人致辞，以介绍和感谢为其发言的重点。再进行来宾致辞祝贺，然后才是正式破土动工。破土仪式的常规做法是：由众人环绕于破土之处的周围肃立，并且目视破土者，以示尊重。接下来，破土者须双手执系有红绸的新锹垦土三次，以示良好的开端。最后，全体在场者一起鼓掌，并演奏喜庆音乐，或燃放鞭炮。

5. 下水仪式

下水仪式是指在新船建成下水之时所专门举行的仪式。准确一些来讲，下水仪式乃是造船厂在吨位较大的轮船建造完成、验收完毕、交付使用之际，为其正式下水启航而特意举行的庆祝性活动。

其主要的运作程序为：仪式开始，首先是介绍来宾，全体起立，乐队奏乐或锣鼓齐奏。然后是奏国歌，全体起立并肃穆；组织方相关负责人介绍新船的基本状况，例如，船型、吨位、马力、长度、高度、吃水、载重、用途、工价等。再由特邀掷瓶人行掷瓶礼，砍断缆绳，新船正式下水。最后，来宾代表致辞祝贺。

6. 通车仪式

通车仪式大都是在重要的交通建筑完工并验收合格后所正式举行的启用仪式。例如，公路、铁路、地铁，以及重要的桥梁、隧道等，在正式交付使用之前，均会举行一次以示庆祝的通车仪式。有时，通车仪式又叫开通仪式。

其主要的运作程序为：仪式开始，首先是介绍来宾，全体起立。然后是奏国歌，全体起立并肃穆；组织方相关负责人致辞，介绍即将通车的新线路、新桥梁或新隧道的基本情况，并向有关各方致谢。接着是来宾代表致辞祝贺，正式剪彩。最后宣布正式通行车辆，宾主及群众代表应一起登车而行，一般由领导或东道主所乘坐的车辆行进在最前方开路。

案例分析

二、剪彩礼仪

剪彩仪式是指商界的有关单位，为了庆祝公司的成立、公司的周年庆典、企业的开工、宾馆的落成、商店的开张、银行的开业、大型建筑物的启用、道路或航道的开通、展销会或展览会的开幕等而举行的一项隆重的礼仪性程序。因其主要活动内容是约请专人使用剪刀剪断被称为"彩"的红色缎带，故被称为剪彩。

剪彩活动气氛热烈、轰动，既能给主人带来喜悦，又能令人产生吉祥如意之感。同时借剪彩良机，向社会各界宣传自己，以吸引各界人士对本组织的关注。

情景故事

（一）剪彩仪式的准备

剪彩仪式必须一丝不苟，精益求精。剪彩仪式需要做大量的准备工作，包括场地布置、准备灯光与音响、邀请媒体等。除此之外，还须对剪彩仪式上所需使用的特殊用具，诸如红色缎带、剪彩剪刀、剪彩手套、剪彩托盘以及红色地毯等，仔细进行选择和准备。

1. 仪式场地

剪彩仪式一般应在行将启用的建筑、工程或者展览会、博览会现场举行。正门外的广场，正门内的大厅，都是可予以优先考虑的，可以对活动现场略做装饰。剪彩现场必须悬挂写有剪彩仪式具体名称的大型横幅。

2. 剪彩用品

（1）红色缎带

红色缎带就是剪彩仪式之中的"彩"。按照传统做法，它应当由一整匹未曾使用过的红色缎带，在中间结成数朵花团而成。目前，有些单位为了厉行节约，而代之以长约两米的红色缎带、红布条或红纸条作为其变通。

一般来说，红色缎带上所结的花团，不仅要生动、硕大、醒目，而且其具体数目往往还同现场剪彩者的人数直接相关。红色缎带上所结的花团的具体数目有两个模式可依。其一，花团的数目较现场剪彩者的人数多上一个；其二，花团的数目较现场剪彩者的人数少上一个。前者可使每位剪彩者总是处于两朵花团之间，相对正式；后者则不同常规，亦有新意。现代剪彩仪式中，彩缎也有选择其他颜色的，如蓝色、金色等，彩球也可以选择用鲜花来代替。

（2）剪彩剪刀

剪彩剪刀是专供剪彩者在剪彩仪式上正式剪彩时所使用的，要求是新的金色的剪刀，必须是每位现场剪彩者人手一把，而且必须崭新、锋利而顺手，以确保剪彩者在正式剪彩时一举成功。在剪彩仪式结束后，主办方可将每位剪彩者所使用的剪刀经过包装之后，送给对方以资纪念。

（3）剪彩托盘

托盘在剪彩仪式上是托在礼仪小姐手中，用来盛放红色缎带、剪彩剪刀、剪彩手套。在剪彩仪式上所使用的托盘，最好是崭新的、洁净的，通常首选银色不锈钢制品，为了显示正规，可在使用时上铺红色绒布或绸布。剪彩时，礼仪小姐可以用一只托盘依次向各位提供剪刀和手套，也可以为每一位专门备一个托盘，同时还应专门配置一个盛放绸缎花团的托盘。

（4）红色地毯

红色地毯主要用于铺设在剪彩者正式剪彩时的站立之处，其长度可视剪彩者人数的多寡而定，其宽度则不应小于一米。

（5）剪彩手套

手套是专为剪彩者准备的。在正式的剪彩仪式上，剪彩者剪彩时最好每人戴上一副白色薄纱手套，以示郑重。在准备白色薄纱手套时，除了要确保其数量充足之外，还须使之大小适度、崭新平整、洁白无瑕。

（二）剪彩者礼仪

剪彩仪式是非常正式的场合，所以剪彩者应穿着整洁、庄重。男士一般着西装或中山装；女士穿西装套裙，精神饱满，给人以稳健、干练的印象。不允许戴帽子或戴墨镜，也不允许着便装。

若剪彩者仅为一人，则其剪彩时居中而立即可；若剪彩者不止一人，则需同时上场，此时剪彩者位次的尊卑就必须予以重视。一般是中间高于两侧，右侧高于左侧，距离中间站立者愈远位次便愈低，即主剪者应居于中央的位置。

剪彩者走向剪彩的缎带时，应面带微笑，落落大方。当工作人员用托盘呈上剪彩用剪刀时，剪彩者应向工作人员点头致意，并向左右两边手持彩带的工作人员微笑致意，然后全神贯注，将彩带一刀剪断。剪彩完毕，放下剪刀，应转身向四周的人鼓掌致意。

（三）助剪者礼仪

助剪者指的是剪彩者剪彩的一系列过程中从旁为其提供帮助的人员。一般而言，助剪者多由东道主一方的女职员担任。人们对她们的常规称呼是礼仪小姐，其基本条件为相貌较好、身材颀长、年轻健康、气质高雅、音色甜美、反应敏捷、机智灵活、善于交际。

具体而言，在剪彩仪式上服务的礼仪小姐，又可以分为迎宾者、引导者、服务者、拉彩者、捧花者、托盘者。迎宾者的任务，是在活动现场负责迎来送往；引导者的任务，是在进行剪彩时负责带领剪彩者登台或退场；服务者的任务，是为来宾尤其是剪彩者提供饮料，安排休息之处；拉彩者的任务，是在剪彩时展开、拉直红色缎带；捧花者的任务，是在剪彩时手托花团；托盘者的任务，是为剪彩者提供剪刀、手套等剪彩用品。

一般情况下，迎宾者与服务者应不止一人；引导者既可以是一个人，也可以为每位剪彩者各配一名；拉彩者通常应为两人；捧花者的人数则需要视花团的具体数目而定，一般应为一花一人；托盘者可以为一人，亦可以为每位剪彩者各配一人。有时，礼仪小姐亦可身兼数职。

（四）剪彩仪式的程序

剪彩仪式宜紧凑，忌拖沓，短则 15 分钟即可，最长不宜超过 1 个小时。独立的剪彩仪式，通常应包含以下六项基本程序。

1. 来宾就座

剪彩仪式上，通常只为剪彩者、来宾和本单位的负责人安排坐席。剪彩仪式开始时。应请大家在事先安排好的座位上就座。在一般情况下，剪彩者应就座于前排。

2. 宣布仪式开始

在主持人宣布仪式开始后，乐队应演奏音乐，现场可燃放鞭炮，全体到场者应热烈鼓掌。此后，主持人应向全体到场者介绍到场的重要来宾。

3. 奏国歌

奏国歌时须全体起立并肃穆。必要时，亦可随后演奏本单位标志性歌曲。

4. 进行发言

发言者依次应为东道主单位的代表、上级主管部门的代表、地方政府的代表、合作单位的代表，等等。其内容应言简意赅，每人不超过 3 分钟，重点分别应为介绍、道谢与致贺。

5. 进行剪彩

此刻，全体应热烈鼓掌，必要时还可奏乐或燃放礼炮。

6. 陪同参观

剪彩结束后组织方负责人应陪同来宾参观，还可向来宾赠送纪念性礼品，或设宴款待来宾。

（五）剪彩的操作

主持人宣告进行剪彩开始后，礼仪小姐应率先登场。在上场时，礼仪小姐应排成一排，从两侧同时登台或是从右侧登台。登台之后，拉彩者与捧花者应当站成一排，拉彩者处于两端，拉直红色缎带，捧花者各自双手捧一朵花团，托盘者须站立在拉彩者与捧花者身后一米左右，并且自成一排。

在剪彩者登台时，引导者应在其左前方进行引导，使之各就各位，剪彩者登台时，宜从右侧出场。当剪彩者均已到达既定位置之后，托盘者应前行一步，到达前者的右后侧，以便为其递上剪刀、手套。

剪彩者若不止一人，则其登台时应列成一排，并且使主剪者行进在前。在主持人向全体到场者介绍剪彩者时，后者应面含微笑向大家欠身或点头致意。当托盘者递上剪刀、手套时，亦应微笑着向对方道谢。

在正式剪彩前，剪彩者应首先向拉彩者、捧花者示意，待其有所准备后，集中精力，右手手持剪刀，表情庄重地将红色缎带一刀剪断。若多名剪彩者同时剪彩时，其他剪彩者应注意主剪者动作，与其主动协调一致，力争大家同时将红色缎带剪断。按照惯例，剪彩以后，红色花团应准确无误地落入托盘者手中的托盘里，切勿使之坠地。为此，需要捧花者与托盘者的合作。

剪彩者在剪彩成功后，可以右手举起剪刀，面向全体到场者致意。然后放下剪刀、手套于托盘之内，举手鼓掌。接下来，可依次与组织方负责人握手道喜，并列队在引导者的引导下退场。退场时，一般宜从右侧下台。待剪彩者退场后，其他礼仪小姐方可列队由右侧退场。不管是剪彩者还是助剪者在上下场时，都要注意井然有序、步履稳健、神态自然。在剪彩过程中，更是要表现得不卑不亢、落落大方。

同步自测

第五节　商务茶会礼仪

茶话会，是社交色彩最浓的一种，在商界主要是指意在联络老朋友、结交新朋友，是具有对外联络和进行招待性质的社交性集会，借此机会与社会各界沟通信息。茶话会的重点往往不在"茶"，而在于"话"。按照惯例，在茶话会后，主办单位通常不再为与会者备餐。

一、确定会议主题

茶话会的主题，特指茶话会的中心议题。在一般情况下，商界所召开的茶话会，其主题大致可分为如下三类。

（一）联谊主题

该主题在茶话会中所见最多，它是为了联络主办单位同应邀与会的社会各界人士的友谊。在这类茶话会上，宾主通过叙旧与答谢，往往可以增进相互之间的进一步了解，密切彼此之间的关系。除此之外，它还为与会的社会各界人士提供了一个扩大社交圈的良好契机。

知识链接

（二）娱乐主题

该主题主要是指在茶话会上安排了一些文娱节目或文娱活动，并且以此作为茶话会的主要内容。这一主题的茶话会，主要是为了活跃现场的局面，增加热烈而喜庆的气氛，调动与会者人人参与的积极性。与联欢会所不同的是，以娱乐为主题的茶话会所安排的文娱节目或文娱活动，往往不需要事前进行专门的安排与排练，而是以现场的自由参加与即兴表演为主，它不必刻意追求表演水平的一鸣惊人，而是强调重在参与。

（三）专题主题

该主题是指在某一特定的时刻，或为了某些专门的问题而召开的茶话会。它的主要内容是主办单位就某一专门问题收集反映，听取某些专业人士的见解，或者是同某些与本单位存在特定关系的人士进行对话。召开此类茶话会时，尽管主题既定，仍须倡导与会者畅所欲言，并且不拘情面。

二、确定来宾

茶话会的与会者，除主办单位的会务人员外，即为来宾。主办单位在筹办茶话会时，必须围绕其主题来邀请来宾，尤其是确定好主要的与会者。按照惯例，茶话会的请柬应在半个月之前被送达或寄达被邀请者手中，但对方对此可以不必答复。在一般情况下，茶话会的主要与会者，大体上可区分为下列五种情况。

（一）本单位人员

具体来讲，以本单位人员为主要与会者的茶话会，主要是邀请本单位的各方代表参加。意在沟通信息、通报情况、听取建议、嘉勉先进、总结工作。有时，这类茶话会亦可邀请本单位的全体员工或某一部门、某一阶层的人士参加，也叫内部茶话会。

（二）本单位顾问

以本单位的顾问为主要与会者的茶话会，意在表达对有助于本单位的各位专家、学者、教授的敬意。他们受聘为本单位的顾问，自然对本单位贡献良多。同时，特意邀请他们与会，既表示了对他们的尊敬与重视，也可以进一步地直接向其咨询，并听取其建议。

（三）社会贤达

所谓社会贤达，通常是指在社会上拥有一定的才能、德行与声望的各界人士。作为知名人士，他们不仅在社会上具有一定的影响力、号召力和社会威望，而且还往往是某一方面的代言人。以社会上的贤达为主要与会者的茶话会，可使本单位与社会贤达直接进行交流，加深对方对本单位的了解与好感，并且倾听社会各界对本单位直言不讳的意见或反映。

（四）合作伙伴

合作伙伴，在此特指在商务往来中与本单位存在着一定联系的单位或个人。除了自己的协作者之外，还应包括与本单位存在着供、产、销等其他关系者。以合作伙伴为主要与会者的茶话会，重在向与会者表达谢意，加深彼此之间的理解与信任。这种茶话会，有时亦称联谊会。

（五）各方人士

请各行各业、各个方面的人士参加的茶话会，通常叫作综合茶话会。以各方面的人士为主要与会者的茶话会，除了可供主办单位传递必要的信息外，主要是为与会者创造出一个扩大个人交际面的社交机会。

三、举办时间、地点的选择

一次茶话会要取得成功，其举办时间、地点的选择，都是主办单位必须认真考虑的事情。

（一）时间选择

按照惯例，通常认为，辞旧迎新之时、周年庆典之际、重大决策前后等，都是酌情召开茶话会的良机。举行的最佳时间是下午 4:00 左右。有些时候，也可安排在上午 10:00 左右。

（二）场地确定

按照惯例，适宜举行茶话会的场地大致有：一是主办单位的会议厅；二是宾馆的多功能厅；三是主办单位负责人的私家客厅；四是主办单位负责人的私家庭院或露天花园；五是包场高档的营业性茶楼或茶室。餐厅、歌厅、酒吧等处，均不宜用来举办茶话会。

四、茶话会座次安排

同其他正式的工作会、报告会、纪念会、庆祝会、表彰会、代表会相比，茶话会的座次安排具有自身的鲜明特点。从总体上来讲，在安排茶话会与会者的具体座次时，必须使之与茶话会的主题相适应。

根据约定俗成的惯例，目前在安排茶话会与会者的具体座次时，主要采取以下四种方法。

（一）环绕式

所谓环绕式排位，指的是不设立主席台，而是将座椅、沙发摆放在会场的四周，不明确座次的具体尊卑，而听任与会者在入场之后自由就座。这种安排座次的方式，与茶话会的主题最相符，因而在当前流行最广。

（二）散座式

所谓散座式排位，多见于在室外举行的茶话会。它的座椅、沙发、茶几的摆放可以自由地组合，甚至可由与会者根据个人要求而自行调节，随意安置，其目的是要营造出一种宽松、舒适、惬意的社交环境。

（三）圆桌式

圆桌式排位，指的是在会场上摆放圆桌，请与会者在其周围自由就座的一种安排座次的方式。在茶话会上，圆桌式排位通常又分为下列两种具体方式：一是仅在会场中央安放一张大型的椭圆形会议桌，而请全体与会者在其周围就座；二是在会场上安放数张圆桌，请与会者自由组合，各自在其周围就座。当与会者人数较少时，可采用前者，而当与会者人数较多时，则应采用后者。

（四）主席式

在茶话会上，主席式排位并不意味着要在会场上摆放主席台，而是指在会场上，主持人、主人与主宾应被有意识地安排在一起就座，并且按照常规，居于上座。一般来说，上座为前排、会标之下或是面对正门之处。

总体而论，茶话会是为了与会者畅所欲言，并且便于大家进行交际。茶话会上的座次安排并不宜过于明显。不排座次，允许自由活动，不设与会者的名签，是茶话会的常规做法。

五、茶话会基本议程

在通常情况下，商界所举办的茶话会的主要会议议程，大体有如下四项：一是主持人宣布茶话会正式开始。主持人宣布茶话会开始前，主持人要请与会者各就各位，并保持安静。宣布开始后，主持人可对主要与会者略加介绍。二是主办单位的主要负责人致辞。讲话应以阐明此次茶话会的主题为中心内容，还可以代表主办单位对全体与会者表示欢迎和感谢，并且恳请大家一如既往地支持。三是与会者发言。根据惯例，与会者的发言在任何情况下都是茶话会的重心所在。为了确保与会者在发言中直言不讳、畅所欲言，通常，主办单位事先不对发言者进行指定和排序，也不限制发言的具体时间，而是提倡与会者自由地进行即兴式的发言。一个人还可以多次发言，不断补充，完善自己的见解、主张。四是主持人总结。主持人略做总结后，即可宣布茶话会结束并散会。

同步自测

CHAPTER7

第七章

办公室礼仪

办公室是我们每天工作的场所，据统计，一名职场人员每天至少有三分之一的时间待在办公室里。因此，注重办公室礼仪会让我们处理事情变得得心应手，工作效果也能事半功倍。本章我们将从办公室环境礼仪、办公室语言礼仪、求职与面试礼仪三个方面带大家掌握办公室礼仪，从而制胜职场。

第一节　办公室环境礼仪

员工对办公环境的满意度与员工对工作的敬业度成正相关。在其他条件相同的情况下，公司所营造的办公环境越好，员工的认同感与归属感以及敬业程度也就越高，工作成效也相对较好。办公环境能直接反映一个公司的企业文化与精神风貌，也代表着一家公司的软实力，好的办公环境能为企业树立高大良好的形象。

一、办公室礼仪环境

办公室既是工作场所也是公共场所，办公室礼仪环境的好坏不仅展现了公司的形象，而且也展现了公司员工的素质。在一个格调高雅、为他人考虑的办公环境中，人们会自觉不自觉地要求自己与环境相协调，从而自然而然地会表现出文明礼貌、庄重大方。

办公室礼仪环境细节如下：

若携带手机进办公室时，应将手机的声音调整为振动或静音，以免影响他人。在办公室打电话时也应尽量放低声音，如果是私人电话，则应尽量减少通话时间。

最好不要动其他同事桌上的文件材料，以及电脑、传真机上与自己无关的任何资料。若有任何材料需要移交给他人，一定要贴上小便签，在便签上写明时间、内容、签名等重要信息。

不要在办公室里化妆、涂指甲，也不要穿过分暴露的衣服，更不要在办公室抽烟，以免污染环境和危害其他同事的健康；不要在办公室里制造流言蜚语或传播小道消息，也不要在办公室里与同事发生纠纷。

二、职场环境礼仪

（一）桌面

办公室环境的好坏影响着员工的心理状态。办公室的桌椅及其他办公设施，都需要保持干净、整洁有序。"几案精严见性情"，心理状态的好坏必然在几案布置等相关方面体现出来。

从办公桌的状态可以看出一个人的日常工作状态。会整理自己办公桌的人，工作时自然也是干净爽快。为了更有效地完成工作，桌面上只摆放目前正在进行的工作资料；在休息前应做好下一项工作的准备；用餐或去洗手间暂时离开座位时应将文件覆盖起来；下班后的桌面上只摆放计算机，而文件或资料收放在抽屉或文件柜中。

（二）书架

办公室内书架应靠墙摆放，这样比较安全。书架上不宜堆放其他积压物品，堆积物会影响美观，给来访者以脏、乱、差的印象，要经常清理书架上的废弃物。

（三）沙发

如果办公室内有沙发，摆放时最好远离办公桌，以免谈话时干扰到别人办公，同时茶几上可以适当摆放盆花等装饰物，临时的谈话可在这里进行。若双方进行较长时间的谈话或谈判，应设在专门的会议室。

（四）门窗

办公室内要做到窗明几净。窗户玻璃应该经常擦洗，书架的玻璃门要保持洁净、透明。办公室的门不应该关闭过紧，也不能用帘布遮挡，以免来访者误以为无人在内。

（五）进门、开门、关门

办公室是重要的工作场所，任何人不应摔门或用力开门，出入时要做到轻手轻脚。

（六）电话

电话是办公室的必备用品，但同时也是办公室的装饰物。办公电话一般摆放在专用电话桌上，若无电话专用摆放桌，也可以摆放在办公桌角上。电话机要经常清理，使用专用消毒液进行擦洗，不能沾满尘土和污垢。一个办公室是否清洁，电话机是一个重要指标。

任何在电话中谈及私事的做法都是违反规定的。电话中谈及隐私,对办公室里的其他人也是不尊重的行为,同时,接电话时声音要小,不能高声喊叫,以免影响他人工作与休息。

(七)饮水

饮水时,如不是接待来宾,应使用个人的水杯,减少一次性水杯的浪费。不得擅自带外来人员进入办公区,会谈和接待安排在洽谈区域。尽量使用可重复利用的陶瓷或玻璃杯进行接待,会前会后必须做好水杯的清洁消毒工作。最后离开办公区的人员应关电灯、门窗及饮水机开关。

三、办公室环境个人礼仪

办公室良好的环境塑造与个人礼仪息息相关。所谓"礼仪体现细节,细节体现素质",一个好的办公室环境需要个人礼仪的效应叠加才能产生,需要做到以下几点:

个人的办公区要保持办公桌位清洁,非办公用品不外露,桌面物品码放整齐。当有事离开自己的办公座位时,应将座椅推回办公桌内。下班离开办公室前,使用人应关闭所用机器的电源,将台面的物品归位,锁好贵重物品与重要文件。

办公室的地面要保持卫生清洁,水泥地面要常清扫、擦洗,地毯要定期吸尘,以免滋生寄生虫、尘螨。窗户要经常打开换气,门窗不常开,将会导致室内空气混浊。同时办公室的墙严禁乱涂乱画,不能在办公室的墙上记录电话号码或张贴记事的纸张。办公室墙面可悬挂地图或与公司有关的图片。

空间较为宽敞的办公室可以放置盆花,但盆花要经过认真选择,一般不用盛开的鲜花装点办公室,过艳的色彩会夺走来访者的注意力,使人们的精力发生偏移,可以选用以绿色为主的植物,绿色植物是装点办公室的主要材料,绿色可给人舒适的感觉,可以调节人的情绪。对盆花要给予经常的浇灌和整理,不能让其枯萎而出现黄叶。可以在绿叶上喷水,使其保持葱绿之色。花盆的泥土不能有异味,肥料要经过精选。有异味的肥料会引来苍蝇或滋生寄生虫,反而会给办公室带来污染。

情景故事

四、办公室心理环境

"硬件"环境的改善仅仅是提高工作效率的一个方面,而更为重要的往往是"软件"条件,即办公室工作人员的综合素质,尤其是心理素质。如果一名工作人员走进办公区时的情绪是积极稳定的，那么就会很快进入工作状态，这样不仅工作效率高，而且工作成效好。反之，如果一个人情绪低落地进入工作状态，这样会导致工作效率低且工作成效差。如果在一个办公区域内，工作人员善于调节与控制自己的情绪，那么整个工作环境就会变得生机盎然，充满活力，使工作富有成效。

在日常工作中，人际关系是否融洽非常重要。互相之间以微笑的表情体现友好、热情与温暖，以健康的思维方式考虑问题，就可以和谐相处。工作人员在言谈举止、衣着打扮、表情动作中，都可以体现出健康的心理素质。学会选择适当的心理调适方式，根据实际工作情况可采用放"情绪假"等办法，掌握协调与控制消极情绪的技巧与方式。

第二节　办公室语言礼仪

我国历来是"礼仪之邦"，语言礼仪是我们职场制胜的第一步，是一个人素质的基本体现，也是快乐工作的必要条件。学习语言礼仪，遵从职场语言沟通规范，重视语言礼仪文化修养，可以更好地处理好人际关系与商务交往。

一、不宜选择的话题

（一）不涉及隐私

👤视频学习

与人交往要热情，但要做到有度、尊重个人隐私。商务场合中，一些涉及个人隐私的话题是不能谈论的，尤其是在涉外交往中。对于女性年龄，尤其是年轻白领女性的年龄不该过问，其实有不少男性也不愿意被人问这个问题。年轻人怕说"嘴上无毛，办事不牢"；人到中年时面临事业是否有成的压力，尤其是处于提职与否的敏感年龄阶段，不愿意与别人做比较。所以，不论是男性还是女性，在交谈中都不要问年龄。同时在公务名片上不要印家庭住址和私人电话，也不要轻易告诉别人。这是为了保证自己的个人空间和时间不被打扰，保证安全。最后不要问家庭收入支出与婚姻状况，这都是个人隐私，是不可随意打听的。

（二）不问政治和宗教信仰

政治和宗教信仰是非常敏感的话题，在公务交往和涉外交往中不要谈论，如果有人涉及这些，应该用别的话题引开。

（三）不问个人经历

与人交往的时候，人们都有一种心理，如果知道对方以前的一些经历，心里会踏实一点。在公务活动中，人们也会尽量收集合作对象或谈判对手的背景资料。但是如果不是人力资源部的人，不是在招聘员工时，最好不要当面打听对方的经历。

（四）不得犯倾向错误

在谈话之中，倾向错误的内容，例如违背社会伦理道德、生活堕落、违法乱纪之类的主题皆应避免。同时交谈中很多人喜欢散播家长里短、小道消息、男女关系等格调不高之事，容易让人觉得素质不高，有失教养。

（五）不谈悲痛与非议他人之事

有时在交谈中因为不慎，会谈及一些令交谈对象感到伤感、不快的话题，或者是对方不感兴趣的话题，这就是所谓的令人反感的主题。碰上这种情况，应立即转移话题，必要时要向对方道歉，千万不要不顾场合，一意孤行。这类话题常见的有凶杀、惨案、灾祸、疾病、死亡、挫折、失败，等等。同时要做到不在背后谈论别人的短处，这不仅会让听的人感到尴尬，也会自贬身份，是修养不高的表现。

■ 视频学习

二、"拒绝"的六大技巧

（一）直截了当法

对那些不能接受的要求，如实陈述己方的困难和理由，或出示实物资料，实地查看，说明接受后对于对方、己方、双方都可能造成危害，让对方放弃。切忌模棱两可，以免对方产生误解。注意语气要诚恳，要向对方耐心地解释你拒绝的理由，并表示歉意，请求对方谅解。委婉拒绝无效，可使用敬语，拉近心理距离。

（二）客观借口法

对方提出问题后，不要马上做出明确的回答，而是提出一些条件或反问一些问题，以己方的条件、能力、权限、规章制度等客观原因为借口予以拒绝，从而使对方进行自我否定，自动放弃自己原来提出的要求。

（三）转移目标

这是一种转移别人注意力、暗示拒绝的技巧。对那些碍于情面的要求，你不便马上拒绝，可以转移话题，暂时把对方说话的焦点转移开，达到间接拒绝的目的。

比如甲问："这笔生意能赚大钱吗？"乙答："你那笔生意正在进行吗？"同时可配合使用一些体态语来暗示自己拒绝的意思。如：用身体欠佳、疲劳、倦怠、打呵欠的举止使对方感到不安；或中断微笑、目光向别处看等，暗示对他人的要求不感兴趣等。

（四）缓兵之计

遇到棘手的问题，对方提出请求后，不必当场拒绝，可以采取拖延的办法。你可以说："让我再考虑一下，明天答复你。"这样，即使你赢得了考虑如何答复的时间，也会使对方认为你在很认真地对待这个请求。如有人想约你，问道："今天晚上八点钟去跳舞，好吗？"你可以回答："今天不巧，回头再说吧，到时候我跟你联系。"从接受者的心理考虑，要让他有足够的思想准备，届时，从人际关系的角度考虑，要尽可能把拒绝的理由讲得充分。为此，先不拒绝，而是强调不利因素，为自己留有退路，在适当的时候再用适当的方法（如电话告知、请人带口信等）拒绝。

（五）先肯定后否定

对于对方的请求不是一开口就说"不行"，而是先表示理解、同情，然后再陈述无法答应的缘由，讲清自己的困难，获得对方的理解，让对方自动放弃请求。如有可能，可为对方引荐别人，建议其他弥补的办法。这样，对方不但不会因被拒绝而失望、生气，反而会对你的关心、帮助表示感谢。

第三节　求职与面试礼仪

面试礼仪在整个面试流程当中是面试官决定面试者去留的一个非常重要的评价要素，面试礼仪的好坏会影响最终成绩，只有掌握面试礼仪的细节，才能保证自己在众多求职者中脱颖而出，获得自己理想的工作岗位。

一、早做职业规划

职业规划就是将人才与职业进行匹配。每位大学生都应认真地进行职业规划，分析自己的特点和长处，找出优势所在，同时还要分析职业和社会的发展趋势。选择职业一定要从自己的理想、特长、兴趣和爱好出发，客观地认识自己和评价自己，这样在以后的工作中才能发挥自己的长处，取得较好的成绩。选择单位时，要选择发展态势较好的单位，选择能给你施展才能、拓展事业的单位，要选择管理规范、企业文化氛围浓厚、对员工有正规培训、能学到真本领和技术的单位。

知识链接

二、面试材料准备

（一）应聘资料的准备

应聘者在求职过程中，一般要准备以下书面资料：求职信、个人简历、毕业证书、学位证书、获奖证书、论文及各类短期进修的结业证书、资格证书等。其中，最重要的是求职信（自荐信）和个人简历，求职信和个人简历如果能够引人注目就是迈向成功的第一步。准备应聘资料应注意以下方面。

1. 实事求是

应聘资料要恪守实事求是的原则，要经得起检验，不可虚构经历和学历。尽管诚实不一定保证你应聘成功，但诚实必定令人问心无愧、心安理得，而谎言往往会露出破绽，最终使你既失去工作机会，又心怀愧疚。诚然，也不必过于谦虚，让对方怀疑你的自信心。

2. 手写体现求职诚意

求职信既然是信，最好用手写，这是一种基本的礼貌，以示尊重，并且手写的求职信容易让对方感受到你求职的诚意，能达到以情感人、以诚动人的效果。但求职信不同于其他信件，如果书法不擅长，还不如用电脑打字，以免"露短"。个人简历最好使用电脑打字，显得整洁美观。

3. 既要规范又要有个性

求职信要讲究书信格式，用词文雅、简明扼要。可适当选用一些谦词、敬语，如"恳请""敬请""贵公司"等。求职信往往会寄发给许多不同的单位，不宜千篇一律，以免张冠李戴。要针对目标单位的性质、特点动笔，至少对收信人的称呼不能雷同。

4. 书写确保无误

书写求职信，一般用楷书或行书，不可用草书。要使用钢笔或水笔书写，不可用圆珠笔，不可使用红色墨水。字迹要清晰工整，不可潦草马虎，切不可写错字，连标点符号都不能出错，避免在纸上出现污迹或明显的涂擦痕迹。总之，求职信和个人简历等准备好后，一定要认真检查，准确无误后方可递交给用人单位。这不仅是对用人单位的尊重，同时也是作为一名优秀员工必备的素质要求。

5. 选择信封信纸

求职信应使用白色信纸，并用信封套好，使用的信封应是正规的私人函件信封。如果是应届毕业生，最好选用署有本学校名称的信纸、信封。使用下边印有外单位字样的公函信封，则是对对方的不敬。

（二）简历的撰写

简历应针对应聘工作，将相关经验、业绩、能力、性格等简要地列举出来，主次要分明。用人单位往往更看重你现在的学历和能力，所以，时间上应从现在往前写，以达到推荐自己的目的。简历并没有固定格式，只要简单明了，让人一目了然即可，对于社会阅历较少的大学生，简历主要包括以下基本资料。

1. 个人基本资料

个人基本资料包括姓名、性别、出生年月、家庭住址、政治面貌、身高、视力、健康状况等。

2. 学历

学历的顺序一般从中学写起，一直到最后学历。学习成绩以及获得的奖励、奖学金或其他荣誉称号可一一列出。

3. 社会工作

社会工作主要是把自己在学校期间担任学生干部的工作情况、从事课外活动的情况和社会实践活动经历详细列出。这在一定程度上可以反映你的实际工作能力、管理能力和社会活动能力。勤工俭学的经历能够彰显一个人的意志品质和吃苦耐劳的精神，给人以勤奋负责、积极的印象。

4. 特长

特长主要是指兴趣爱好、性格特点。但在求职中，主要指中文写作、外语水平、计算机能力等方面的特长。

5. 联系方式

联系方式主要是将联系地址、邮政编码、手机电话等内容必须要写清楚。

（三）求职信的撰写

1. 求职信的格式

网络上五花八门的求职信范例、模版，仅供格式方面参考，切忌简单复制及填空。那些似曾相识、"共性"明显的求职信，往往不会引人注目。要根据自己的实际情况与目标单位的特点写出情真意切、个性突出的求职信，这样才能引起注意，增加脱颖而出的机会。求职信的基本格式与书信无异，主要包括标题、称呼、正文、结尾、署名、日期和附录共七个方面的内容。

（1）标题

在信纸首页上，居中大字书写"求职信"。

（2）称呼

求职信的称呼与一般书信不同，书写时须正规，如果写给国家机关或事业单位的人事部门领导，可用"尊敬的 ×× 处（司）长"称呼；如果是企业负责人，则用"尊敬的 ×× 董事长（总经理）"；如果是各企业厂长（经理），则可称之为"尊敬的 ×× 厂长（经理）"；如果是写给院校人事处负责人或校长的求职信，则可称"尊敬的 ×× 教授（校长、老师）"。

（3）正文

求职信的中心部分是正文，形式多种多样，但一般分为三段内容，一是说明求职信息的来源并直接说明自己写信的目的；二是简单扼要地介绍自己与应聘职位有关的学历水平、经历、成绩等，令对方从阅读之始就产生兴趣（这些内容不能代替简历）；三是说明能胜任职位的各种能力，这是求职信的核心部分，表明自己具有专业知识和社会实践经验，具有与工作要求相关的特长、兴趣、性格和能力。

（4）结尾

结尾一般会表达两个意思，一是希望对方给予答复，并盼望能够得到参加面试的机会；二是表示敬意、祝福之类的词句，如"顺祝愉快安康""深表谢意""祝贵公司财源广进"等，也可以用"此致"之类的通用词。最重要的是别忘了在结尾认真地写明自己的详细通信地址、邮政编码和联系电话，以方便用人单位与求职者联系。

（5）署名

不管是手写稿还是打字稿，都应有求职人的亲笔签名，以示庄重和负责。

（6）日期

在署名的下方，应用阿拉伯数字书写，年、月、日全都写上。

（7）附录

求职信一般要求和有效证件的复印件一同寄出，如学历证、职称证、获奖证书、身份证的复印件，并在正文左下方一一注明。

2. 注意事项

最好选用署有本学校名称的信封、信纸，忌用带有外单位名称的信封、信纸。字迹清晰工整。如果有一手漂亮的书法，最好手写，因为更多的人相信字如其人。如果字写得不好看，就不如用电脑打出来，篇幅要适中，不宜过长，1000字左右较为合适。自荐是个人与单位的第一次接触，所以，文笔要流畅，可以有鲜明的个人风格，不可过高地评价自己，也不可过于谦虚，要给用人单位留下较为深刻的印象。

三、求职电话礼仪

（一）研究招聘信息

在求职前，必须事前做好充分的信息准备，先认真阅读用人单位的招聘广告，对方招聘的时间、地点、职位、所需资历等，做到心中有数。如果不知道哪个部门、哪位主管招聘，要事先打听清楚。最好知道主管的姓名，如果遇到不会念或者念不准的字时，应先查字典，读准后再通话，千万不要叫错主管的姓名。

（二）选择恰当的通话时间

打求职电话不要在用人单位刚上班和即将下班时打电话，休息时间就更不要打电话。一般宜在上午或下午的工作时间打电话。中午 12:00 到下午 2:00 之间不要打电话，以免打扰受话人的休息，晚上 10:30 以后、早上 7:00 之前以及三餐时间不宜打电话。

（三）提前准备通话要点

打电话之前，一定要做好充分的准备工作。在电话中应该说些什么，一次电话该打多久，在打电话前就应有"腹稿"，如果怕有遗漏，可以事先拟出通话要点，整理好说话的顺序，根据用人单位的需求情况，结合自己的特长，列出一份简单的提纲，讲究条理，重点突出，还要备齐与通话内容有关的资料。

（四）讲究通话的方式

通话中，不仅要用"您好""请""谢谢"等礼貌用语，而且还要控制语气语调。因为电话是声音的传递，声音往往代表了一个人的形象，所以，在通话时要调整好自己的心态，态度谦虚、声调温和且富有表现力，语言简洁、口齿清晰，努力控制好说话的语音、语调、语速，在短暂的时间里，展现自己积极向上、有理有节的个人良好品质，力争给受话人留下深刻印象。如果对方说话像连珠炮，自己最好也说得快一些，尽可能三言两语交代清楚。要是对方说得很慢，则可以放慢说话的速度，让对方不会有压迫感。打电话求职一定要礼貌、谦逊，忌用不文明用语以及说话自高自大、口齿不清、拖拖拉拉。

（五）注意倾听

充分注意互动性，传统商务礼仪中有一条关于电话的约定：一定要会倾听，别人在讲话的时候，不要发出任何声响。打电话时除了要认真倾听对方讲话，重要内容要边听边记，同时还要礼貌地回应对方，适度附和、重复对方话语中的要点，不能只说"是"或"好"，要让对方感到你在认真听他讲话，不能轻易打断对方的谈话。

电话面试不同于其他面试，面试官要通过声音和态度去判断你的为人、性格和其他方面的问题，包括他在交代事情以及对你讲述的时候，也同样存在这样的要点，我们不必惊慌。

总之，求职电话打得好，彬彬有礼、思维敏捷、吐字清楚、语言表达能力强，往往会给招聘单位良好的第一印象，起到先声夺人的效果。

四、见面礼仪

知识链接

见面是面试的开始。见面礼仪是双方交流的开端，要做到以下方面。

（一）严格守时

遵守时间是现代交际的一项重要原则，是作为一个社会人应遵守的最起码的礼仪规范。求职者在接到招聘方的面试通知后，务必提前到达面试地点，至少也要给自己留足 20 分钟的时间，以应对突发情况、调整心情、熟悉环境。如果确实有迫不得已的原因，或中途有意想不到的事情而不能准时前往面试，要向招聘方解释清楚，并征求对方意见，是否可以重新安排面试。

（二）礼貌通报

到达用人单位面试地点后，进门前一定要有礼貌地询问负责面试的工作人员，自己是否可以进入面试的办公室，得到允许后方可进入。进入办公室前，若门虚掩着，也应轻敲三下门（或按一下门铃），得到允许后，方可推门进入，大方地走到面试官面前，表情自然，动作得体。在对方没有请你入座之前不要主动坐下。

（三）主动问候

进入面试官办公室后，求职者的形象、言谈举止自此开始接受面试官的评判，应该说真正的面试就开始了。从这时起，求职者应当立即进入角色状态。首先要面带微笑，向主考官点头致意，主动问候主考官。例如，"您好，我是××，是来参加面试的。"如果事前能够通过各种途径准确了解面试官的姓名及职务，在刚见面时，在对方没有做介绍的情况下，若能主动而准确地称呼对方，无疑可以给对方一个惊喜，使面试官认可你收集资料的能力和办事效率，可以给自己赢得宝贵的印象分。

（四）见面握手

见面时要在点头致意或问候的同时握手，但求职者不可先伸手，要等主考人员先伸手（求职者是女性的例外），握手要坚定有力，热情大方。

（五）面带微笑

笑容是所有身体语言中最直接有利的一种方式。微笑可以缩短人与人之间的心理距离，为深入沟通交流创造温馨和谐的氛围。在面谈中，你应把握每个机会展示自信自然的笑容，展示你的亲切与礼貌。

（六）举止大方

👤 情景故事

面试时，应聘者的外表、气质举止和谈吐变得格外重要。你的一言一行都会向外界传递特定的信息。面试时要按面试现场布置，与主考人员保持一定的距离。不随意将座椅前后推移。遵从招聘方管理人员的规定，不自作主张、不强词夺理。在整个面试过程中，与用人单位代表或主考官接触都要谈吐清晰，举止得体，做到彬彬有礼。表现出一定能胜任工作的信心和干练的作风，充分展示出自己的才华与自信。

👤 同步自测

（七）服饰得体

在求职面试活动中，面试人员首先是通过求职者的仪表来认识对方的，求职者要做到衣着整洁朴素、仪态自然大方，这是树立自己形象的需要，也是对他人的尊重。

五、面试礼仪

面试是对应聘者真才实学及社交能力的检验，也是一场始于礼貌又终于礼貌的特殊考试。得体的仪表、文雅的举止，是一个人基本素质的外在表现，不仅能赢得他人的信任，给人留下良好的第一印象，还能增强人际吸引力。在现代生活中，越来越多的用人单位开始意识到求职者的仪表、举止与个人素质之间的这种联系。不注重礼仪的大学毕业生，在求职面试中痛失良机的也不乏其人。为了让自己在应聘面试中多一份成功的希望，少一些低级错误，避免无谓的麻烦，一定要多注重服饰、姿态、举止、表情、风度！

求职者除了遵循一般的仪态仪表要求外，还有必要特别注意以下几点。

（一）仪容仪表整洁端庄

参加求职面试时，应当适当地打扮一下自己，总的原则是：不要一味地追求华丽时髦，以端庄得体为佳。

1. 仪容要整洁

面试时切忌穿有破损的衣服，例如，掉了一个纽扣，衣服开线了，哪儿破了洞或是裤脚起了毛边。特别提醒女士注意，绝对不能穿破洞或跳针的丝袜。面试时穿的衣服、鞋等事先都要整烫、收拾干净。男士要洗净头发、刮净胡须、整理好发型，不要染发或留长发；女士可留披肩长发，但也要梳理整齐，不要给人披头散发之感，无论什么发型，都要显出你的优雅气质。指甲要修剪整齐，指甲垢要清除干净。以上皆为生活小节，但若做不好，便会使招聘者认为你的生活自理能力差，给人留下懒散、办事拖沓的印象，那么应聘成功的希望显然就降低了。

2. 服饰要得体

就服饰而言，应选择庄重、素雅大方的服饰、以正装为佳，可显示出稳重、文雅的职业形象。男士宜着西服套装，颜色以深色为好，穿法一定要规范。夏季时，男士可着衬衫，注意不可卷起袖子，下摆一定要塞在裤子里；不扎领带时，可把风纪扣打开。女士以套裙装为佳，色彩以灰、深蓝、黑、棕、米白色为好，裙子不宜过短，一般不能短于臀部以上一寸；脚上配中、高跟皮鞋，切忌穿凉鞋；不要穿太露、太透的衣服，让人感觉不够端庄。最好不戴戒指、项链之类的饰品，特别是金银首饰。但对刚走出校园的大学生来说，不必一定身着西装套裙，也可穿合身的便装，但要注意整洁。

3. 化妆要自然

女性应聘者在面试时，可适当化淡妆。略施粉黛，会让人显得更有精神、更亮丽，但不宜浓妆艳抹过分时髦。化的妆要自然、协调，充分体现出女性美好的形象。在现代社会中，具有较高审美趣味，懂得该如何打扮自己的女性比那些不善于打扮自己的女性有更多的机会。

4. 表情姿态要从容

人的姿态是身体语言，在面试中，若运用得当将有助于面试成功。所以，当你走进面试室时，要精神饱满，面带微笑，镇定自若，眼睛要注视对方，不可游移不定，让人怀疑你的诚意。

（二）言谈举止得体稳重

1. 材料要齐全

出发之前检查一下所需的材料是否已经备齐并且按顺序放好，保证面试时不用翻找就能迅速取出所需材料。如果材料摆放无序，对方需要时，手忙脚乱地翻找，那就显得很尴尬，印象分自然要失掉不少。

2. 赴约要准时

赴约面谈或面试时，绝对不可迟到，至少提前 10 分钟到达。抵达后要注意整理一下服饰。如果因赶路，脸上出了汗，要擦干净，到洗手间或其他适当的地方补好。特别要提醒的是：面试前检查手机是否已关机或静音。

3. 就座要讲究

座位有上下尊微之别，面试者就座时应选择合适的位置。在面试过程中，由用人单位领导、专家和有关人员组成的考官，应为尊者，因此，应试者应选择在他们的下座，或者比对方座位低一些的沙发和椅子，尽量避免坐在考官正对面的竞争位置上。如果对方有指定，就应坐在指定的椅子上。就座时不要自己先坐下，应等接见者请你就座时方可入座。不要将身体靠在椅背上，也不要坐满整个椅面，一般只坐椅面的一半至2/3。男士切忌跷二郎腿，女士应抚裙而坐，双腿靠拢。

4. 举止要得体

当到达面试场所时，若办公室的门关着，不可冒失闯进，应用手背轻叩房门，得到许可后方可入内。如果没有接见者示意，绝对不可吸烟。如果感冒了，要带上手帕、手纸，不可随地吐痰。同时，注意站、坐、立"三姿"。

5. 言谈要有度

回答问题时要做到态度从容，不卑不亢，抓住重点后尽快组织语言，但不要离题，不要啰唆。对任何问题都必须诚实回答，不可编造谎言，忌夸其谈。说话声音不能太小，语速不要太快，音调不宜太高，切不可出现文明忌语。

6. 告别要礼貌

面谈结束，被暗示可离开时，勿忘起身后将椅子放好，并向对方致谢。离开时必须从容，开门、关门要轻，别忘了向接待你的秘书致谢。

🔍 知识链接

六、面试结束后的礼仪

（一）面试当场结束时的礼仪

1. 主动告辞

当双方意愿表达得差不多时，求职者听到考官说，"今天就谈到这里""你的情况我们已经了解了。你知道，在做出最后决定之前，我们还要面试几位申请人。"等话语时，应主动告辞。

2. 告辞要有礼貌

应聘结束时，应一边徐徐起立，一边以眼神正视对方，趁机做最后的表白，以凸显自己的热忱。如"谢谢您给我一个应聘的机会，如果能有幸进入贵单位工作，我一定全力以赴"等，然后欠身行礼，说声"再见"，轻轻地把门关上并退出。告别话语要说得真诚，发自内心，才能让招聘者留有余地。

（二）面试后的礼仪

1. 感谢对方

为了加深招聘人员对你的印象，增加求职成功的可能性，面试后两天内，你最好给招聘人员打个电话或写封信表示谢意。感谢电话要简短，最好不要超过 5 分钟；感谢信要简洁，最好不超过一页。感谢信的开头应提及自己的姓名及简单情况，然后提及面试时间，并对招聘人员表示感谢。感谢信的中间部分要重申对该公司、该职位的兴趣，增加一些对求职成功有用的事实内容，尽量修正可能留给招聘人员的不良印象。感谢信的结尾可以表达对自己的素质能符合公司要求的信心，主动提供更多的材料，或表示希望能有机会为公司的发展壮大做出贡献。

2. 不要过早打听面试结果

一般情况下，考官在每天面试结束后，都要进行讨论和投票，然后送人事部门汇总，最后确定录用人选，可能要等 3 ～ 5 天。求职者在这段时间内一定要耐心等候消息，不要过早打听面试结果。在写信致谢后几天，就可以打电话询问。如果对方还没有决定，可以再询问是否还有其他面试以及自己是否有希望。

3. 保持诚恳的态度

如果被几家公司同时录用，并决定接受其中一个职位，有必要向被拒绝的公司写信表示感谢，也许将来会有一天换到那家公司工作。这封致谢信会给对方留下良好的印象。表示拒绝的感谢信应该直接寄给最

案例讨论

后决定录用自己的人，在信中只要表达谢意和说明已经接受其他公司的工作就可以了，不必做任何解释，也不需要提及那家公司的名字。

第四节　汇报礼仪

工作汇报是工作人员向上级汇报工作的书面材料，是应用写作研究的文体之一。汇报一般是指向特定对象报告工作。对于公务人员而言，它的确定含义是，将工作中的有关资讯进行认真地分析研究、概括归纳和总结，根据实际需要和有关规定，向有关单位、部门及其负责人进行专门的报告。它主要分为口头汇报礼仪、书面汇报礼仪、电话汇报礼仪和会议汇报礼仪。

一、工作汇报技巧

（一）注重结果

汇报时领导最迫切知道的是方案实施的结果而不是过程，要尽量为领导节省时间，从开头就将结果阐明。

（二）注重方案

要记住汇报问题的实质是求得领导对方案的批准，而不是询问上司如何解决这个问题。找领导汇报工作时要准备多套方案，并将它们的利弊了然于胸，必要时向领导阐述明白，并提出自己的主张，争取得到领导的批准，这是汇报的标准版本。

（三）注重重点

汇报工作，要拣重要的内容汇报给你的领导，突出你所汇报的问题，如工作上遇到的困难、阻力等。如果汇报内容较多，要注意条理和顺序，分条分项地叙述，抓住领导关心的部分，达到事半功倍的效果。

（四）注重严谨

在工作报告中，不仅要谈自己的想法和推测，还必须说出准确无误的事实。如果报告时态度不严谨，在谈到相关事实时总是以一些模糊的话语，如"可能是""应该会"等来描述或推测的话，就会误导领导，不利于领导做出有效而准确的决策。所以，在表明自己意见的时候，最好明确地说"这就是我的意见"，以便给领导留下思考空间，这样对己、对领导都会大有裨益。

二、口头汇报礼仪

下级向上级领导口头汇报工作，是常见的工作方式。出色的口头汇报不但可以让领导在短时间内掌握下级工作的概况、进度、主要成绩、存在的问题及其意见和建议，而且还可以通过汇报展现自己的基本素质和口才，给领导留下难忘印象，为自己创造发展机遇。在机关工作，下级要经常向上级汇报各种情况，尤其是口头汇报用得最多，随时随地都可能发生。怎样做好口头汇报，把口头汇报说得更直接易懂，需要注意一些方式方法。

（一）下级向上级汇报工作时的礼仪要求

1. 遵守时间，不可失约

应树立极强的恪守时间的观念，不要过早抵达，使上级未准备完毕而感觉难堪，也不要迟到，让上级等候过久。

2. 轻轻敲门，经允许后才能进门

不可大大咧咧，破门穿堂，即使门开着，也要用适当的方式告诉上级有人来了，以便上级及时调整体态、心理。汇报时，要注意仪表、姿态，站有站相，坐有坐相，文雅大方，彬彬有礼。注意上级办公室是否允许吸烟，如果可以，敬烟时应打开烟盒弹出几支，递向上级由他自取。

3. 汇报内容要实事求是

有喜报喜，有忧报忧，语言精练，条理清楚，不可投领导所好，歪曲或隐瞒事实真相。

4. 察言观色，注意言行

汇报结束后，上级如果谈兴犹在，不可有不耐烦的体态语产生，应等到由上级表示结束时才可以告辞。告辞时，要整理好自己的材料、衣着与茶具、座椅，当领导送别时要主动说"谢谢"或"请留步"。

（二）上级在听取下级工作汇报时的礼仪要求

1. 应守时

如果已约定时间，应准时等候，如有可能可稍提前一点时间，并做一些必要的笔记准备以及其他准备。

2. 态度举止

应及时招呼汇报者进门入座，不可居高临下，盛气凌人，摆官架子。

3. 要善于倾听

当下级汇报时，可与之目光交流，配之以点头等表示自己认真倾听的体态动作。对汇报中不甚清楚的问题可及时提出来，要求汇报者重复、解释，也可以适当提问，但要注意所提的问题不至于打消对方汇报的兴致。

4. 认真听讲

听取汇报时，不要有频繁看手表、打哈欠或做其他事情等不礼貌的行为。

5. 注意礼节

要求下级结束汇报时，可以通过合适的体态语或委婉的语气告诉对方，不能粗暴地打断。不要随意批评、下结论，要先思而后言。如果已到了吃饭时间，可挽留下级吃便饭。当下级告辞时，应站起来相送。如果平时联系不多的下级来汇报时，还应送至门口，并亲切道别。

三、书面汇报礼仪

除了口头汇报以外，在工作中还有一种比较正式的汇报方式，就是书面工作汇报。所谓书面工作汇报，也就是以一定格式用书面做出的报告。它讲究一定的格式和体例，一般来说报告封面需载有报告题目（如果是英文，将英文书名与页数标明清楚）、汇报人姓名、联络电话或电子信箱。报告全文的组织次序为封面、标题（首页头题）、正文、注释、参考书目、附录（如有需要）等。每一段第一行第一个字前空两格，引用短文时，可直接插入正文，外加引号，如所引原文较长，可另行抄录，每行的第一个字均空三格。如有图表，需加编号与标题，置于文内，不要集中于文末。表的标题置于表上，表的注记说明置于表下，图的标题与注记说明置于图下。

一般来说，书面工作汇报的格式如下所述。

（一）标题

标题，即汇报的名称。标明汇报的单位、期限和性质。

（二）正文

正文一般分为三个部分：开头、主体和结尾。开头要交代汇报的目的和汇报的主要内容或介绍单位的基本情况；或把所取得的成绩简明扼要地写出来，或概括说明指导思想以及在什么形势下做的汇报。不管以何种方式开头，都应简练，使汇报很快进入主题。主体是汇报的主要部分，是汇报的重点和中心，它的内容就是汇报的内容。结尾是汇报的最后一部分，对全文进行归纳，或突出成绩，或写今后的打算和努力的方向，或指出工作中的缺点和存在的问题。

（三）署名和日期

如果汇报的标题中没有写明汇报者或汇报单位，就要在正文右下方写明。最后还要在署名的下面写明日期。

四、电话汇报礼仪

电话被现代人公认为是便利的通信工具。在日常工作中，电话已成为部门之间、同事之间沟通的重要工具。通过电话向上司汇报、请示工作也成了日常之事。在使用电话汇报时应注意以下几个方面：电话汇报要有充分准备，对汇报内容要事先写好或列好汇报提纲；电话汇报工作时，要提前列出要点，避免浪费时间；在打电话之前，要准备好笔和纸，不要吃东西、喝水或抽烟，要保持正确的姿势；如果需要找的人不在，可以询问对方什么时间可以再打电话或请其回电话，同时，要将自己的电话号码和回电时间告诉对方；在给其他部门打电话时，要先自报部门和姓名，这样可以避免对方因为询问你的情况而浪费时间。

五、会议汇报礼仪

会议汇报有正式汇报和自由汇报两种，前者一般是领导报告，后者一般是讨论发言。正式发言者，应衣冠整齐，走上主席台时应步态自然，刚劲有力，体现出一种胸有成竹、自信自强的风度与气质。发言时应口齿清晰，讲究逻辑，简明扼要。如果是书面发言，要时常抬头扫视一下会场，不能只顾低头读稿、旁若无人。发言完毕，应对听众的倾听表示谢意。

自由汇报则较随意，但应注意：发言要讲究顺序和秩序，不能争抢发言；发言应简短，观点应明确；与他人有分歧时，应以理服人、态度平和，听从主持人的指挥，不能只顾自己表达。如果有参会者对发言人提问，应礼貌作答，对不能回答的问题，应机智而礼貌地说明理由，对提问人的批评和意见应认真听取，即使提问者的批评是错误的，也不应失态。

CHAPTER 8

第八章

商务通信礼仪

商务通信工具中的电话、邮件、传真等是彼此不见面的一种交际方式。在日常生活中，被誉为"顺风耳"的电话以及邮件等通信工具早已成了现代人重要的、不可缺少的交流和沟通的便捷工具。运用通信工具，不但可以及时、准确地向外界传递信息，而且还能够借机与交往对象沟通感情，保持联络。日本一位研究传播的权威说："不管是在公司还是在家庭里，凭这个人在通信中的沟通方式，就可以基本判断其'教养'的水准。"使用各种通信工具的礼貌绝不能忽视，否则既有损公司的声誉，又影响个人形象。

第一节　电话接听礼仪

现代社会是信息社会，日新月异，作为主要通信工具的电话早已在人们的工作、生活中十分普及。已经是再普通不过的事情了，电话已成为人们在社会交往中使用最频繁、最重要的沟通渠道。使用电话获得信息、相互联系、交流思想、沟通情感是人们工作、生活中不可缺少的交际方式。

一、拨打时间

首先，要选择好打电话的时间。一般情况下，不要选择过早、过晚或对方休息的时间打电话。比如，工作电话应该选择在上午 8:00 以后，如联系国外客户，应选择在上午 9:00 以后。往办公室打电话，最好避开临下班时间，因为这个时间如对方急于下班，很可能得不到满意的答复。

👤 视频学习

中午休息的时间，也不要给对方打电话。非特殊情况，不要在节假日、用餐时间和休息时间给对方打电话。半夜或清晨被电话吵醒，很容易引起对方的反感。打国际电话，首先要考虑对方国家的时差，例如，中国和美国时差 12 个小时，北京时间下午 3:00 时却是美国人睡得正香的后半夜，如果忽视时差，让人从睡梦中惊醒是十分不礼貌的。

其次，要把握好通话的时间长度。在正常情况下，一次打电话的时间最好不要超过 3 分钟。这种做法，在国外叫作"打电话的 3 分钟原则"。要求打电话的一方要有很强的时间观念，抓住主题，在尽可能短的时间内表达自己的意思。因为时间过长，造成电话占线，会影响正常的通信。要讲究效率，既节约自己的时间，也不要浪费他人的时间。

注意打电话的时间，从根本上讲是为了关心对方、体谅对方，不要造成对方的不方便，从而维护自己的"电话形象"，达到良好沟通的目的，绝不能只顾自己的利益，不顾他人的利益。

二、电话内容

打电话尤其是打重要电话或国际电话，要提前做好准备，把要找的人名、要谈的内容要旨归纳成几条，写在纸上。这样就可以层次分明、有条有理地把要说的内容顺利表达，不会出现丢三落四的情况。通话内容要简明扼要，做到言简意赅，干脆利索，不要吞吞吐吐，东拉西扯，否则，既浪费了时间，又会给对方留下糟糕的印象。

知识链接

三、电话形象

在电话里与人交谈时，声音的质量在第一印象中占 70%，话语只占 30%。电话另一端的人对你的看法，不仅仅来自你说话的内容，更来自你如何表达以及说话的语气。在办公室接打电话，也能体现出一个人的心理素质与水平。微笑着平心静气地接打电话会令对方感到温暖亲切，尤其是使用敬语、谦语，收到的效果往往是意想不到的。不要认为对方看不到自己的表情，其实，从电话中已传递出是否友好、礼貌、尊重他人等信息了。接听电话可以分为本人接听和代接电话，都要按礼仪规范的要求去做。

知识链接

四、接听电话的礼仪要求

电话铃声一响，应立即放下其他工作，及时接听。接电话有"铃响不过三"的说法，就是说接电话以铃响三次最为合适。在工作和生活中我们应注意遵守这一做法，而不要故意拖延时间。

情景故事

拿起话筒后，要主动问好并自报家门。问候对方是礼貌的表示；自报家门则是为了让对方验证一下，是否拨错了电话，找错了人。接听电话时，要积极呼应，态度热情友好，不要装腔作势，冷落对方。要专心致志，不要心不在焉，三心二意。电话结束时，要主动说："再见！"做到客气有礼貌。接听电话时，如遇重要内容，要认真做好记录。

知识链接

如果对方打错电话，要耐心向对方说明，不要不耐烦，甚至恶语相加。通话时电话中断，要等待对方再次拨进来，不要远离电话或者责备对方。在会见重要客人或者会议期间有人打来电话，应向对方说明情况表示歉意，并约好时间，主动打电话过去，一旦约好给对方打电话，就要守约。

案例讨论

按照电话礼仪的惯例，一般要由打电话者挂断电话。所以在对方没挂断电话时，接电话一方不应主动挂断，尤其在与位尊者和女士通电话时一定要等对方挂上电话，以示对对方的尊重。

同步自测

第二节　手机与传真使用礼仪

有数据表明，目前中国的手机用户数量已逾 10 亿，超过了 10 多年前全球手机用户的总和，特别是大学生群体几乎没有不使用手机的。但真正懂得并注意手机使用礼仪的人却着实不多。无论是在社交场所还是在商务场合放肆地使用手机，已经成为使用手机礼仪的最大威胁。同时，初入职场的大学生除了要学会正确使用手机，也要掌握传真的使用礼仪。

一、手机礼仪

随着现代科技的不断发展，移动通信工具的使用越来越广泛，但是特别要注意以下使用礼仪。

一般要将移动通信工具放置在合适的位置上，既要合乎礼仪的要求，使用方便，又要防止丢失。正常情况下，移动通信工具应放置在随身携带的公文包里。

电梯内、车厢中、餐厅里，由于声音容易扩散到场内的每个角落，所以除非必要，尽量不要主动打电话与人谈笑闲聊，否则其他人将被迫听你的私事。如果是他人打进来，也应长话短说，必须尽量压低声音，让干扰减至最低，其他人一定会认可你的礼貌。不论是接听，还是拨打电话，讲话的声音都要适度，不能大声嚷嚷，特别是在公共场所更要注意。在有些地方常会有信号的盲区，导致信号不良或通信中断，若遇到这种情况，可以先行挂断，一段时间后再联络。

若去电时对方不能接收电话或是收不到信息时，电话会自动转至语音信箱内，礼貌上此时应尽量留下身份等信息，否则对方猜测半天，也不知是谁的来电。留言时以简短扼要为原则，但姓名、电话号码、来电时间均不可忽略。

案例讨论

（一）使用手机的一般礼仪

在正式场合，手机的使用者，不可有意识地将自己的手机展示于人。随身携带手机的人，应将其放置在不易为人察觉的适当之处。携带个头较小的折叠式手机的人，可以把它放在西装上衣内侧的胸袋里，或是放入公文包内。

给对方打电话，如果对方是你的领导，或者是身居要职，一定要设身处地地为对方着想，要多想想会不会打扰他，他方便接听吗，并且要有对方不方便接听的准备。在和对方通话时，要听出话筒里的弦外之音，从听筒里的背景声音，鉴别对方所处的环境。如果很安静，应想到对方在开会或者休息了，应该先问对方是否方便接听电话；当听到话筒里很吵，并且有碰杯或者有别人说话的声音时，应想到对方可能在参加宴会，这时也要先问一声是否方便接听电话。做完了这些"准备"，就为下一步的顺利通话打下了良好的基础，但不论在什么情况下，是否通话还是由对方来定为好。

视频学习

（二）就餐时的手机礼仪

在餐桌上，关掉手机或是把手机调到振动或静音状态还是必要的。不要正吃到兴头上的时候，被一阵烦人的铃声打断。参加宴会或与人一起进餐时，不能对着餐桌打电话，要离开餐桌。如果是茶话会，或者不方便离开餐桌，则要侧转身子，用手遮挡一下，防止唾沫溅到饭菜上。

（三）会议时的手机礼仪

在早会、总结会、碰头会，或者和别人洽谈的时候，最好还是把手机关掉，如果有特别重要的电话要等，就要调到振动状态。这样既能表现出你对别人的尊重，同时，又不会打断会议和交谈的进行。如果事情确实非常重要，可以选择在会议休息，或者暂时没有人发言，或者交谈对象喝水等"方便"的时候，接听电话，或者发送短信，迅速把事情处理完毕，重新回到会场，或者继续进行交谈。

如果正在开会或交谈时来电，此时不方便接听电话，可以轻声地告诉对方："对不起，正有事，回头给你电话。"事后则一定要主动给对方回电话。

（四）安静场所的手机礼仪

在影院、剧场、音乐厅、图书馆、展览馆、比赛场地等需要保持安静的场所，主动关机或置于振动、静音状态，如接到来电，应到不妨碍他人的地方接听。这是对演员、观众的最起码尊重，也是进入上述场合的起码礼仪。

目前我们在剧场听音乐会时，在演出开始前，演出现场的广播和场内的大屏幕，都会提醒听众将手机关闭或是调成静音、振动状态，但是总有少数听众视而不见、听而不闻，我行我素并不配合，在演出过程中手机铃声此起彼伏，接听电话的人更是目中无人肆意接打电话。

到医院去探访病人，要提前将手机调到振动状态，以免影响病人休息。如果在探访过程中有人来电，尽量不要接听，等探访完毕后再打回去，如果实在有急事，接听电话声音尽量要轻，同时力求简短。

（五）乘机时的手机礼仪

乘坐飞机时，必须自觉地关闭本人随身携带的手机、其他电子设备。因为它们所发出的电子信号，会干扰飞机的导航系统。在飞机上，使用中的手机会干扰飞机的通信、导航、操纵系统，是威胁飞行安全的"杀手"。飞机在整个飞行过程中，利用机载无线电导航设备与地面导航台保持实时联系，控制飞行航线。在能见度低的情况下，需要启用仪表着陆系统进行降落，也就是利用跑道上的盲降台向飞机发射电磁波信号，以确定跑道位置。而手机不仅在拨打或接听过程中会发射电磁波信号，在待机状态下也在不停地和地面基站联系。在它的搜索过程中，虽然每次发射信号的时间很短，但具有很强的连续性。所以手机发出的电磁波会对飞机的导航系统造成干扰。

（六）医院、加油站的手机礼仪

在加油站或是医院停留期间，不准开启手机、呼机。手机有很强的电磁辐射，在医院里用手机，强烈的电磁辐射会干扰医疗设备的使用，比如心电图，在检查心脏或脑部扫描时，如果旁边有人在接打手机，那么仪器上就会错误地反映出一道心电波，打印出来的心电图也是错误的，从而影响对患者病情的判断，以致做出错误的治疗。

汽油的挥发性很强，汽油与蒸汽和空气混合会形成可燃气体，手机拨打或接收的时候有可能在手机内部出现静电火花，即使是微弱的火花遇到可燃气体，也可能引发爆炸。所以在加油站内禁止使用手机，否则，就有可能酿成火灾。在一切标有文字或图示禁用手机、呼机的地方，均须遵守规定。

（七）短信礼仪

发短信一定要署名，回短信要及时。例如，过节时人们收到了一堆短信，但是有的却没有署名，号码也不熟悉，你也不知道他是谁，这样的短信就是无用的，是资源的浪费。如果正在忙，可以利用手机短信的快速回复功能回复"正在忙"，或以后回短信时加以说明并说声抱歉，这样才能让对方理解。

发短信的时间要掌握好，避开午休时间，也不要太晚发。大部分人都有午休的习惯，所以要避开午休时间，最好不要在晚上 10:00 以后发短信，以免影响别人休息。如要转发短信，一定要注意修改短信内容中的署名。

短信文字要尽可能地规范，不能有错别字，发送短信前一定要自己读一遍，以免造成误会，尤其是重要信息。

与别人谈话时不要收发短信。与别人谈话时收发短信会显得你对谈话无兴趣，对对方不重视，使对方不知道谈话是否还要继续下去。与重要领导汇报工作或打电话沟通前，可先用短信预约。

如果事先已经与对方有约，为了怕对方忘记，最好事先再提醒一下，提醒时适宜用短信而不要直接打电话，打电话似乎有不信任对方之嫌，短信就显得非正式而亲切得多。短信提醒时语气应当委婉有礼。

👤 视频学习

二、传真礼仪

传真，也可称为传真电报，在发传真前首先要注意合法使用。任何单位或个人在使用自备的传真设备时，均须严格按照电信部门的有关要求，认真履行必要的使用手续，否则即为非法之举。

（一）传真的一般礼仪规范

发送传真信函时要注意使用传真信函最起码的礼仪规范。

正式的传真必须有首页，其上注明传送者与接受者双方的公司名称、人员姓名、日期、总页数等，这样一来，接收者可以一目了然；如果不是非常正式，也必须以数字排列的方式注明，让接收者一看就知道是三页，如果其中某一页不清楚或是未收到，也可以请对方再发一次，这样可以节省双方的时间。

传真信件，必须像写信一样有礼貌，如必要的称呼、问候语、签字、敬语、致谢语等均不可缺少，尤其是信尾的签字常被忽略，这是不太礼貌的，因为签字才代表这封信是在发信者知道并且同意的情况下才发出的，否则任何人都可以轻易冒名发信件了。

最好使用白色或浅色传真纸，发送传真之前，可以向对方通报一下，以免发错。收到传真后，要尽快通知对方。

🔘 案例讨论

（二）收发传真的礼仪

商界人士在利用传真对外通信联络时，必须注意以下几个方面的礼仪。

1. 遵守有关部门的规章使用

安装、使用传真设备前，须经电信部门许可，并办理相关的手续，不准私自安装、使用传真设备。

安装、使用的传真设备，必须配有电信部门正式颁发的批文和进网许可证。如欲安装、使用自国外直接带入的传真设备，必须首先前往国家所指定的部门进行登记和检测，方可到电信部门办理使用手续。使用自备的传真设备期间，按照规定，每个月都必须到电信部门交纳使用费。

2. 依据操作规范使用

使用传真设备，必须按要求规范操作，力求最大限度地提高清晰度。利用传真通信的主要优点是，操作简便，传送速度快，而且可以将包括一切复杂图案在内的真迹传送出去；主要缺点是，发送的自动性能较差，需要专人在旁边进行操作，有些时候，它的清晰度难以保证。所以使用传真机时，如果不按照规范操作，很难保证传输文件的接收效果。

3. 着力维护公司形象

使用传真时，必须牢记维护本企业形象问题，处处不失礼仪规范。

（1）发送传真礼仪

正式的公文传真都有首页，并标示传送者与接收者双方的单位名称、人员姓名、日期、总页数等。在发送传真时，应检查是否注明了本公司的名称、发送人姓名、发送时间以及自己的联络电话。同样的，应写明收传真人的姓名、所在公司、部门等信息。所有的注释均应写在传真内容的上方，在发送传真时即便已经给予了口头说明，也应该在传真上注明以上内容，这是良好的工作习惯，对双方的文件管理都非常有利。

对于主要交往对象的传真号码，必须认真地记好。为了保证万无一失，在向对方发送传真前，最好先向对方通报一下，这样做既能征询对方意见，例如马上接收是否方便等，又不至于发错传真。

发送传真时，要注意内容简明扼要。传真一般不适用于页数较多的文件，如果发出一份页码很多的传真，会使用很多的传真纸，成本较高，且占用传真机时间过长，也会影响其他人的使用，而使用传真的目的是方便和节省费用。另外，如果没有得到对方的允许，不要将发送时间设定在下班后，这是非常不礼貌的行为。

发送文件、书信、资料时，应该像写信一样有礼貌，必要的称呼、问候语、签字、敬语、致谢等是不可缺少的。应尽量使用清晰的原件，避免发送后出现内容看不清楚的情况。

出差在外，有必要使用公众传真设备，即付费使用电信部门所设立在营业所内的传真机时，除了要办好手续、防止泄密外，对工作人员亦须以礼相待。

（2）接收传真礼仪

本人或本单位所使用的传真机号码，应将其正确无误地告知自己的重要交往对象。一般而言，在商用名片上，传真号码是必不可少的一项重要内容。

接收传真时，如果发现其中某一页不清楚或未收到，可以请对方再发送一次。在收到他人的传真后，应在第一时间采用适当的方式告知对方。需要办理或转交、转送他人发来的传真时，千万不可拖延时间，耽误对方的要事。

4.注意安全使用

单位所使用的传真设备，应当安排专人负责，无人在场而又有必要时，应使之处于自动接收状态，为了不影响工作，单位的传真机尽量不要同办公电话采用同一条线路。

每一份传真都可能会经过许多人的手才能送达当事人，所以，用传真机发送一些私人或敏感的东西是不合适的。

5.及时回复

人们在使用传真设备时，最为看重的是它的时效性。如果传真机设定在自动接收状态，发送方应尽快通过其他方式与收件人取得联系，确认其是否收到传真。收到传真的一方也应给予及时回复，避免因任何的疏漏造成传真丢失。在重要的商务沟通中，任何信息丢失都可能造成时间的延误甚至影响合作业务的成败，这样的细节不可轻视。

6.人工收发传真礼仪

接收或发送传真时，如果需要事先通过人工呼叫，在接通电话时首先应口齿清晰地说"你好"，然后报出自己的公司或单位的名称以及详细的部门名称等。通话时，语气要热诚，口音要清晰，语速要平缓，电话语言要简洁、得体、准确，音调适中，态度自然。

第三节　电子邮件礼仪

无论是在国内还是在国外，工作中使用电子邮件进行沟通和汇报等都是必不可少的。对于大多数初入职场的新人来说，很少有人会特别注重电子邮件的使用礼仪和规范，但其实正确使用电子邮件，往往能够能给同事或者上级留下良好的印象，从而让你能够在职场中脱颖而出。

一、关于主题

主题是接收者了解邮件的第一信息，因此要提纲挈领，使用有意义的主题，这样可以让收件人迅速了解邮件内容并判断其重要性。

主题一定不要是空白标题，这是最失礼的。标题要简短，不宜冗长，要能反映邮件的内容和重要性，切忌使用含义不清的标题，以免被误认为是垃圾邮件。一封信尽可能只针对一个主题，不在一封信内谈及多件事情，以便于日后整理。可适当使用大写字母或特殊字符来突出标题，引起收件人的注意，但应适度，特别是不要随便就用"紧急"之类的字眼。回复对方邮件时，可以根据回复内容需要更改标题，不要只是机械地复制。

二、关于称呼与问候

邮件的开头要称呼收件人，这既显得礼貌，也明确提醒收件人。如果对方有职务，应按职务尊称对方，如"×经理"；如果不清楚职务，则应按通常的"×先生""×女士"称呼，但要把性别先搞清楚。不熟悉的人不宜直接称呼英文名，对级别高于自己的人也不宜称呼英文名，称呼全名也是不礼貌的。

邮件开头和结尾最好要有问候语，最简单的开头是写一个"Hi"，中文邮件可以写"你好"；英文邮件结尾常见的是写 Best Regards，中文写"祝您顺利"等。

三、邮件正文

电子邮件正文要简明扼要，行文通顺。如果具体内容确实很多，正文应只做摘要介绍，然后单独写个文件作为附件进行详细描述。正文行文多用简单词汇和短句，表达准确清晰，不要出现让人晦涩难懂的语句。

注意电子邮件的论述语气。根据收件人与自己的熟悉程度、等级关系，选择恰当的语气进行论述，以免引起对方不适。尊重对方，"请""谢谢"之类的语句要经常出现。电子邮件可轻易地转给他人，因此对别人意见的评论必须谨慎而客观。

如果事情复杂，最好列几个段落进行清晰明确的说明。保证每个段落都简短不冗长，最好在一次邮件中把相关信息全部说清楚、说准确。

四、关于附件

如果邮件带有附件，应在正文里面提示收件人查看附件；附件文件应按有意义的名字命名，不要用太复杂的文件名；正文中应对附件内容做简要说明，特别是带有多个附件时；附件数目不宜太多，数目较多时应打包压缩成一个文件；如果附件是特殊格式文件，应在正文中说明打开方式，以免影响使用；如果附件过大，应分成几个小文件分别发送。

五、语言的选择与汉字编码

英文邮件只是交流的工具，而不是用来炫耀和锻炼英文水平的。如果收件人中有外籍人士，应该使用英文邮件交流；如果收件人是其他国家和地区的华人，也应采用英文邮件交流，因为存在中文编码的问题，中文邮件在其他地区可能显示成乱码。

尊重对方的语言习惯，如果双方邮件往来是采用中文，一般不主动发英文邮件；如果对方发英文邮件过来，也不能仅用中文回复。对于一些信息量丰富或重要的邮件，也可以使用双语。

最后，还要注意选择便于阅读的字号和字体，不要用稀奇古怪的字体或斜体，最好不用背景信纸，特别是公务邮件，排版应该简洁大方。

六、结尾签名

电子邮件消息末尾加上签名档是必要的。签名档可包括姓名、职务、公司、电话、传真、地址等信息，但信息不宜行数过多，一般不超过四行。引用一个短语作为你的签名的一部分是可行的，比如个人座右铭、公司的宣传口号，但要分清收件人对象与场合，切记一定要得体。

对内、对私、对熟悉的客户等群体的邮件往来，签名档应该进行简化。过于正式的签名会让你与对方显得疏远，可以设置多个签名档，灵活调用。签名档文字应选择与正文文字匹配，简体中文、繁体中文或英文，以免出现乱码。字号一般应选择比正文字号小一些。

七、电子邮件使用规范

电子邮件是利用电子计算机所组成的互联网络向外发送或收取信函的一种方式。这种通信方式时效性强、安全保密性好，但使用电子邮件有一些细节值得我们去关注，需要遵守的礼仪规范有如下几个方面：

一是送信前必须用杀毒软件扫描文件，以免不小心将"毒信"寄给对方。要是没有把握，不妨将要发送的内容剪贴到邮件正文中，避免使用附件发送的方式。

二是来历不明的信件须谨慎处理，若不确定最好也要用杀毒软件扫描以防万一。

三是电子邮件要认真撰写。信函要突出主题，行文要流畅，避免使用冷僻词，并且做到简明扼要，寄件时最好注明主旨，让收件人一看便知道来信的要旨。虽然是电子邮件，但写信的内容与格式应与平常信件一样，称呼、敬语一样不可少。

四是电子邮件不可滥用。现代人的生活、工作节奏很快，时间很宝贵。千万不可用电子邮件浪费自己和他人的时间。

五是群发信件，请用密送或保密方式传送，这样收信的人只会看见信的内容，而不会知道其他收件人是谁以及别人的电子信箱，可以避免其他收件人的地址被利用。

六是注意电子邮件的编码。电子邮件的编码是电子邮件自己独特的问题，也是联络成功与否的关键。我国内地与港澳台地区及国外一些国家的中文编码不尽相同，通信时乱码现象时有发生。因此向我国港澳台地区及国外发送中文电子邮件时，要用英文注明自己使用的中文编码系统。

🔍 知识链接

八、回复技巧

（一）及时回复电子邮件

收到他人的重要电子邮件后，即刻回复对方一下，往往还是必不可少的，这是对他人的尊重，理想的回复时间是收到邮件后两小时以内，特别是对一些紧急重要的邮件。对每一份邮件都立即处理是很占用时间的，对于一些优先级低的邮件可集中在一个特定时间处理，但一般不要超过 24 小时。

如果事情复杂，无法及时确切回复，可回复"邮件已收到，我们正在处理，将会尽快回复"等信息。不要让对方苦苦等待，而应该及时做出响应，确认邮件已收到。如果正在出差或休假，应该设定自动回复功能提示发件人，以免影响工作。

（二）进行针对性回复

当回件答复问题的时候，最好把相关的问题抄到回件中，然后附上答案，不要简单回复，应该进行必要的阐述，让对方一次性理解，避免再反复交流，浪费资源。

（三）不要就同一问题多次回复讨论

如果收发双方就同一问题的交流回复超过三次，这只能说明交流不畅，可能存在误解。此时应及时采用电话沟通等其他方式进行交流后再做判断。

对于较为复杂的问题，多个收件人频繁回复，发表看法，这可能会导致邮件过于冗长而降低可读性。此时，应及时对之前讨论的结果进行小结，删减后突出重要信息。如果只需要告知一个人，单独回复一人即可。

知识链接

R 参考文献
References

[1] 曹艺 . 商务礼仪 [M]. 北京：清华大学出版社，2009.

[2] 杜明汉，刘巧兰 . 商务礼仪：理论、实务、案例、实训 [M]. 3 版 . 北京：高等教育出版社，2020.

[3] 杜岩 . 商务礼仪 [M]. 北京：北京航空航天大学出版社，2009.

[4] 甘露，郭晓丽，杨国荣 . 商务礼仪 [M]. 北京：北京理工大学出版社，2010.

[5] 顾希佳 . 礼仪与中国文化 [M]. 北京：人民出版社，2001.

[6] 胡锐 . 现代礼仪教程 [M]. 杭州：浙江大学出版社，2004.

[7] 金继宏 . 现代商务礼仪 [M]. 北京：电子工业出版社，2017.

[8] 金正昆 . 社交礼仪教程 [M]. 北京：中国人民大学出版社，2005.

[9] 金正昆 . 礼仪金说 [M]. 北京：北京联合出版公司，2019.

[10] 金正昆 . 商务礼仪教程 [M]. 6 版 . 北京：中国人民大学出版社，2019.

[11] 李嘉珊 . 实用礼仪教程 [M]. 北京：中国人民大学出版社，2007.

[12] 林雨萩 . 跟我学礼仪 [M]. 北京：北京大学出版社，2006.

[13] 卢如华，韩开徘 . 社交礼仪 [M]. 3 版 . 大连：大连理工大学出版社，2012.

[14] 吕维霞，刘彦波 . 现代商务礼仪 [M]. 2 版 . 北京：对外经济贸易大学出版社，2006.

[15] 牟红，杨梅 . 旅游礼仪与实务 [M]. 北京：清华大学出版社，2008.

[16] 王玉苓 . 商务礼仪 [M]. 2 版 . 北京：人民邮电出版社，2018.

[17] 王忠伟，蒲岸华，李洪娜 . 商务礼仪 [M]. 大连：东北财经大学出版社，2010.

[18] 薛建红 . 旅游服务礼仪 [M]. 郑州：郑州大学出版社，2002.

[19] 杨丽 . 商务礼仪与职业形象 [M]. 大连：大连理工大学出版社，2011.

[20] 杨眉 . 现代商务礼仪 [M]. 大连：东北财经大学出版社，2000.

[21] 张利民 . 旅游礼仪 [M]. 北京：机械工业出版社，2004.

[22] 张岩松 . 现代交际礼仪 [M]. 北京：中国社会科学出版社，2005.

[23] 张莹，张晓艳 . 商务礼仪 [M]. 北京：北京航空航天大学出版社，2011.

[24] 赵蓉 . 商务礼仪 [M]. 北京：人民邮电出版社，2021.

P 后 记
ostscript

　　中国自古以来就是礼仪之邦，历来对礼仪文化十分重视，并通过一代一代的传承将其发扬光大。随着现代化文明程度的提高，越来越多的人开始学礼明礼、懂礼知礼。礼仪既是一个人思想觉悟、道德修养、文明程度、综合素质的直接体现，也是一个国家和民族整体文明程度的全面反映。

　　现代社会的发展和国际交流活动的日益频繁，对商务礼仪提出了新的要求，现代商务礼仪在商界交往活动中的重要性日益凸显。学习商务礼仪，已不仅仅是个人提升竞争力的需要，同时也是企业交往、国际交往中不可忽视的问题。

　　本书是编者参阅了大量文献资料、借鉴吸收相关研究成果后，结合现代高校的教学需要编写而成。书中既有理论知识，又有案例讨论与情景故事，努力做到理论和实践充分结合，为教师的自主教学提供可以拓展发挥的空间，为学生的自主学习提供充足的资源保障，尽力满足互联网时代的创新型、个性化教学需求。本书既是一本适合应用型本科院校学生学习的新形态教材，也可以作为广大读者提升自身素养和社会交往能力的通识教材。

　　在本书付梓出版之际，衷心感谢杭州市一流学科提供的支持，感谢浙大城市学院提供的教学研究平台，感谢我的家人和同事的关心及帮助，感谢我的学生的积极参与，感谢浙江大学出版社的大力支持！

编者

2021 年 11 月